甲州再生
居酒屋
駅前屋
駅前屋
ランチ
11:30~13:30
ラーメン
ラーメンセット
500円 580円
早割!!
超冷・超炭酸

七賢

健康で文化的な最低限度の生活

Kenko de Bunkateki na
Saiteigendo no Seikatsu

斉藤壮馬

Soma Saito

目次

第1夜

第2夜

第3夜

SOMA
SAITO
KENKO DE
BUNKATEKI NA
SAITEIGENDO NO
SEIKATSU

第1夜

斉藤壮馬の健康で文化的な最低限度の生活

痛みに弱い人間なのです

痛みに弱い人間なのです。

注射も怖けりゃ点滴も苦手、なんならグロテスクな映画を見ることすらも避けている。そんなぼくだけれど、その日はなんの因果か、腕に針を突き刺して、たっぷりと血を抜かれていたのであった。

苦痛に身もだえながら思い出したのは、大好きな福永武彦氏の小説『草の花』の一節。

——それは無力です。でも僕の孤独と汐見さんの孤独と重ね合わせたところで、何が出来るでしょう?

——孤独だからこそ愛が必要なのじゃないだろうか?

（福永武彦『草の花』）

きっといまのぼくに必要なのは、痛いの痛いのとんでいけって言ってくれる優しいお姉さんなんだ。あっちの紳士もこっちのお嬢さんももくもくと血を抜かれている中、ひとりでみじめったらしく唸っているぼくの孤独を癒してくれる女神よいずこ。

ふだんは声優として活動をしているぼくが、なぜこうしてエッセイを書く運びになったかというと、話は半年ほど前にさかのぼる。

ボイスニュータイプさんの取材を受けていたときに、文章を書くのが趣味なんですと言ったところ、とんとん拍子で打ち合わせをすることに。

連載が決まり、全体のテーマについてひとしきり案を出しあったあとで、担当編集さんからひとこと、

「最近、なにか足りないものはありませんか？」

足りないものですか。うーん。なんだろう。ああ、

「健康ですかね」

「あ、じゃあそれで」

「はい」

このようなノリで、健康になるために様々な体験をしてみよう、というざっくりとし

たテーマが決まった。

次いで、健康になるためにまず必要なことはなんだろう？　と考えた結果、「やっぱり人間ドックでしょ！」とこれまた謎のノリで話が進み、冒頭に至るわけである。


人間ドックを受けるのは初めてだ。

そもそも、フィクションのサナトリウムには何度も訪れたことがあっても、ぼくは大の病院嫌いなのだ。子供のときはあまり身体が丈夫ではなかったので、内科や歯科によく行ったものだった。泣き声、薬品のにおい、歯を削るドリルの音。幼いぼくにとっては、そのどれもが恐怖の対象だった。それは大人になってからも変わらず、すこし体調が悪くても、可能な限り病院には行かないようにしていた。

まばたきの回数が異様に増えていることを自覚しながら、受付のお姉さんに、

「あの、胃カメラって痛いですか」と子供じみた問い。

「本日のプランですと、バリウム検査のみとなっておりますが……」

「えっ」

そう。なんと今回のプランでは胃カメラを飲む必要がなく、バリウムを飲んでエックス線で撮影をするだけだったのだ。前日あれほど胃カメラが痛いというネットの記事を

読み漁り、胃を苦しめていた自分があほみたいである（事前にいただく説明書きはしっかり読みましょう）。

なんだ楽勝じゃん、なんて一気に気分は軽くなり、いざ検査開始。


まずは身体測定。

ぼくは常々身長を168センチだと公言しているのだが、正確に測ったところ、169・6センチだったことをここに記しておきたい。いいですかみなさん。169・6センチです。これからは公称170センチで押し通そうと思います。

それから血圧や視力検査があって、眼圧検査。眼圧って測ったことないんですと言うぼくに看護師さん、

「大丈夫ですよー風きますねー」

風？

と思った刹那、眼球に突風。痛い！

初めての刺激に、眼圧検査ってこんなものなんですね……とひとりびびりまくっていると、

「声、いつも聞いています！　がんばってくださいね！」

そんな眩しい笑顔で言われたらぼくはもう。無精髭を生やし、うつろな目をしてぼそぼそ喋っていて申し訳ありませんでした。

続いて心電図。

上半身裸になってきょろきょろしているぼくに、これまた別の看護師さん、

「これ冷たいからねー」

「わっ、あはは本当だー」

なんて会話をしたのち、

「明日も仕事でしょ？　アニメ観てるよ！　応援してるからね！」

ほんと心電図に乱れがなくてよかったです。

その後、聴力検査で外の音にも反応してしまいなんとなくしっくりこないまま検査が終了したり、肺活量が平均より著しく低いことが判明して苦笑されたり、バリウム案外まずくないじゃんと思っていたら台が動きまくって無重力気分を味わったりと、まったく問題なく検査は進行していったのだった。

そしてとうとうやってきたのが血液検査。採血である。

ヴァンパイアは対象の血をすべて吸うことでその魂を我が身に宿す、みたいな話があ

るけれど、ぼくの中のなにかも確実に損なわれてしまったことだろう。

だって4本分も採るんだぜ⁉

ちくっとしますからね、と言われていやもうそれいつも思うけど絶対ちくっとじゃないだろうあっほらね痛いもん痛いもん痛いですって！

と思いっきり顔を歪めていると失笑された。ほんと恥ずかしい。

余談ですが、ぼくの友人は「自分は血がどんどん抜かれてるのを見ているのが好き。生きてるってかんじがするだろ？」とか言っていて、ああ、この人やばい人なんだなって思いました。


もろもろ終わって、最後に先生と面談。

重大な病が見つかって企画そのものが頓挫しませんように……と祈りながら部屋に通されると、そこには役者然としたオーラを放つ渋いおじさまが。

緊張しているぼくを見やって先生は、

「ここ、若くて可愛い子多いでしょう」

「はい？」

「やっぱり病院の顔だからねえ。可愛い子いると違うでしょ！」

ちょっと笑う。そりゃあもうぜんぜん違います、はい。

けれど先生はすぐに真顔になって、

「結論から言うとね」

「はい……」

先生、溜める。こんなに間を使うかというくらい溜める。舞台だったらセリフが飛んでいると思われるんじゃないかというくらい溜める。そして、

「健康です」

ありがとう生ビール。愛しているよ炙り明太子。どうやらしばらくきみたちとお別れをせずにすみそうです。

こうしてぼくは、無事人間ドック初体験を終えたのでした。うだるような暑さの中、病院を出たぼくの顔は近年稀に見るすがすがしい笑みを浮かべていたことだろう。健康って、素晴らしい！

それから、午後の仕事をノリノリで終えたぼくは自分へのご褒美とばかりにお寿司屋さんに行って、美味しいお寿司をたくさんいただき、安らかな眠りについたのだった。

鮪の脳天、最高。

ちなみにアルコールはバリウムを固めてしまう作用があるそうなので、この日はノンアルコールだったけれど、後日飲んだビールは格別の美味しさでした。夏はやっぱりビールだよね。

こうして初回の原稿を書き終えたぼくは、孤独を紛らわすために、書を持って街へと繰り出すのだった。待ってろビール。また次回。

失われた時《ねむり》を求めて

眠れない夜は睡魔の針を刺しそびれてしまったのだと、誰かに言われたのか、なにかで読んだのか、自分で思いついたのか、定かでない。

ウイスキーのグラスを空にしても、なんだか一日が終わりそうな気配がない。そんな手持ち無沙汰な夜に、今回のエッセイを書きはじめてみた。

深夜に書いた文章は決して世に出すな、とはよく言われていることだけれど、たまにはいいんじゃないかな、なんて思っていたりする。

だけど、恋文だけはしっかり寝かせてあげましょう。みんな、約束だよ。

さて、それでは、今夜はそんなお話を。

まくらの語源が魂《たま》の蔵《くら》だ、という素敵な説を最初に知ったのは、中学1年生の冬だった。あぜ道を自転車でゆるゆる走った先にある本屋で買った、漆原友紀さんの『蟲師』。

中学生になって、環境の変化にうまく馴染めず眠れない夜を過ごしていた自分には、不思議とその説がすっと身に染みるように入ってきた。

けれど結局、眠るのが下手なままなんとなく生きてきたぼくは、プロフィールシートの尊敬する人の欄に「のび太さん」と書くようなさみしい大人になってしまったのだった。

だから今回は、最高の睡眠のために必要なアイテム――「魂の蔵」こと枕を求めて、馬喰横山のロフテー枕工房さんにやって来たのである。

馬喰横山に降り立ったのは覚えている限りでは初めてで、まるでつげ義春さんやpanpanyaさんの漫画に出てくるような、素敵な問屋横丁が広がる町だった（そういえば、panpanyaさんの『枕魚』という短編も枕を探し求める話だった）。

ちょっとした観光気分で町を歩き、目的地へ。着いてびっくり、ロフテーさん、お店構えがやたらとスタイリッシュである。

外から覗くと、まず地下フロアへ行く階段がおしゃれ。さらになにに使うのかよくわからない繭状の物体。

おや、自分はここにコールドスリープしに来たんだっけ？　まるでＳＦの世界のようだ、もう『夏への扉』という季節でもないのに、とびくびくしながら受付へ。

物腰柔らかな担当の方が丁寧に説明をしてくださって、さあ、いよいよ枕を試しますよ。

枕選びは、首の深さを測って、横になったときに肩が沈まないようにするのがポイントだそう。ビーズやら籾殻やら、素材をあれこれ試しているときに、担当の方に「肩幅がわりとありますので」と言われたことに驚いたのは内緒の話。

ちなみに、担当の方いわく、枕を買いに来る人の多くは睡眠に関するなんらかの悩みを抱えているけれど、根本的に解決するためには、枕を変えるだけでなく生活習慣の見直しや医師の指導が必要です、とのこと。そりゃそうだ。

お店には抱き枕も売っていて、カエルをモチーフにしたものやヤツメウナギみたいなよくわからない形状のものまで多様な種類があったが、こちらは買うのを見送った。スナメリを抱きながら寝るのはちと怖い。

枕を決め、さてお会計という段になって、レジの横にとてもギャラクシー感のあるパジャマを発見。てろてろの素材で、触り心地がとてもよかったので、そちらも一緒に購入することに。

ところがお値段を聞いてびっくり、このパジャマ、枕よりも断然いいお値段である。

しかしこれも安眠のため、健康に関しては一切の妥協を許さないことにしたぼくは、お会計を済ませ、晴れやかな気持ちでお店をあとにしたのだった。

そうして枕を購入したものの、正直なところ、まだまだ寝つけない夜を過ごすことも多いのが現状だ。

「なにも考えない」ということがすごく苦手で、次から次へとあれこれ余計なことを考えてしまうから、たぶんぼくにはリラックスする技術が必要なのかもしれない。物理的にも精神的にも「肩の力を抜く」ことが肝要なのだろう。

健康になるためには、身体的な問題をクリアするだけではなく、内面的な問題もクリアしなければならないようである。

先は長いけれど、まあ、ぼちぼちやっていきましょう。

ああ、それから。

眠れない夜に関していつも思っていることがもうひとつある。眠れない夜には、必ずなにかが起こるのだ。

それはたとえば、久しい友人からの連絡だったり、素敵な作品との出会いだったりして、そういう縁とかセレンディピティみたいなものを、なんとはなしに信じていたりする。

――おや？

なんて書いていたら、ほら。誰かが呼び鈴を鳴らしているね。

今夜はきっと、楽しいよふかしになりそうだ。

それでは皆さん、おやすみなさい。よい夢を。

レインブーツを履いた日

雨が降っていて、だから引きこもることにした。

本当なら街へ出て一杯引っかけようと思ったのだが、あいにく、雨の日の外出は好きじゃない。

仕方なくぼくは、溜まりに溜まった台本、衣装、書籍、ごみ、その他雑多な物品の整理をすることにした。

仕分け作業をしていると、押入れの奥から見慣れない箱が出てきた。

中には、濃い藍色のレインブーツが1組入っていた。

はてな、こんなものを買ったっけか。

思い当たらずしばらく唸っていると、はたと気がついた。

これは、もうずっと昔、叔父に貰ったレインブーツだ。

貰った当初はまだ足が小さくて、なかなか履く機会を見つけられなかった。それがどういうわけか、いまの家までついてきてしまったのだろう。

そういえば、ぼくの持ち物の中には、叔父からもらったものがけっこうある。たとえば本、たとえば服、あるいはギター。

ちらと、スタンドに立てかけてある、もうすっかり弦の錆びたギターを見た。

ギターはじっと沈黙を保っていて、ただ外の雨音だけが、部屋を埋め尽くしていた。


手にしてからずっと使っているものは、そう多くない。大抵のものはもって2、3年くらいだろう。

そんなぼくだが、ひとつだけ長年愛用しているものがある。

叔父にもらったエレキギターである。

高校に入学するあたりに出会ったはずだから、約10年、弾き込んでいることになる。

といっても、熱心に練習していたのは20歳くらいまでで、そのあとは時折取り出しては手入れをして、昔の手癖で爪弾く程度だった。

なぜ叔父がこのギターをくれたのかはよく覚えていないが、たぶん中学の卒業祝いとかそんな理由だったように思う。

考えてみると、小さいときから、叔父にはよくお世話になってきた。

父の弟である叔父は、ちょうどぼくの20歳くらい上で、東京でばりばり働いていて、子供のころのぼくからすると、憧れの人だった。

おしゃれな街、おしゃれな仕事、おしゃれな生活……。

地方に住み、鬱屈した少年だったぼくにとって、たまに現れてはおしゃれで格好いい、きらきらしたものを教えてくれる叔父は、ある意味ヒーローだったわけだ。

叔父もまたかつてバンドマンであり、先のギターもそのころに使っていたものだと言っていた。

カート・ヴォネガットの文庫本を何冊もくれたし、部屋にはレコードのコレクションが並んでいたし、たくさん食事に連れて行ってくれた。

あれは20歳になりたてのころ、美味しいワイン屋さんに連れて行ってもらったことがあった。

酒との付き合い方を知らなかった若いぼくは、ただ出されるままにばくばく飲み食いし、しこたま酔っていた。そんなぼくをやんわりとたしなめ、叔父は節度のある飲み方を教えてくれたものだった。初めての甥っ子だったから、目をかけてくれていたのかもしれない。ライブやコンサートにもよく連れ出してくれて、ふだんは聴くことのできない素敵な演奏に感銘を受けたものだった。

そんなある日、コンサートホールで出会うやいなや、「今日は帰らなきゃならなくなった、悪いな」と叔父は言った。

そわそわとした様子の叔父はそれ以上なにも言わずに帰り、余ったチケットをさばく術も知らない子供なぼくは、ひとりでコンサートを観た。

そのときぼくはなんとなく、ああ、これからはおじさんと遊びにいくことは少なくなるのだな、と感じて、事実そのとおりになった。

だってまさか、20歳も下のいとこができるなんて、想像もしていなかったのだ。

叔父夫婦にひとりめの子供が生まれ、だいぶ落ち着いたころ、ぼくらは久しぶりに会った。

相変わらずおしゃれで飄々としていて、けれど、我が子を見つめるその目には、いままでのものとはまた違う光があった。

そのとき初めてぼくは、父と叔父が似ているなと、なぜだかそう思った。

そうか、これが、父、のまなざしなのかもしれないな。

叔父には気づかれないように、こっそり笑った。

その子は、小さい子の御多分に洩れず、きらきらしたものや珍しいものが大好きと見えて、スマホや鍵、それから大人たちの瞳に興味津々の目を向けていた。

ぼくはきみにとってのヒーローにはなれないかもしれないけれど、かつてのおじさんみたいに、きらきらを届けられるようにがんばるよ。これからよろしくね。そう思った。

着信音ではっと我にかえる。

画面を覗くと、おじさん、と表示されて、すこし驚く。

そんなタイミングあるかよ、と思ったけれど、この巡り合わせにぼくはいてもたってもいられなくなって、急いで着替えてレインブーツを履いた。

かつてぶかぶかだったそれは、いまでは足にしっかりと馴染む。

叔父に会う前に、1軒寄り道をしていこう。

行き先はもちろん、ギターショップである。

まずはこの錆びた弦を張り替えるところから、雨の散歩を始めてみるのだ。

S is for Subculture

中学1年生のときのことだ。まだ入学直後の浮き足立った空気の残るクラスで、新しい友達ができた。

名前をSくんという。

Sくんの家はサブカル一家で、ご両親がともに様々なアート活動をしているうちだった。

ぼくは彼に、筒井康隆も中島らももみんな、教えてもらった。

フツーに育ってきたけれど、ニヒルに構えたいお年頃に差しかかっていたぼくにとっては、それらの劇物はとても魅力的に思えたのだ。

ある日、カッコいいから洋楽が聴きたいと言ったところ、Sくんは1枚のMDをくれた（もう知らない人もいるだろうね）。

早速帰ってコンポに入れてみる。

1曲目。

「U2」『Sunday Bloody Sunday』と書いてある。わりに聴きやすい曲だ（歌詞の意味なんてまるでわかっていなかった）。

2曲目。たしかこれもU2。

3曲目。

ローリング・ストーンズの『ジャンピン・ジャック・フラッシュ』。これはものすごく気に入って、すぐに覚えた。

4曲目。エマーソン・レイク・アンド・パーマーの曲。これはシンセのイントロがキャッチーなのだが、なにせむちゃくちゃ長い。

そのあとになぜかプログレッシヴ・ロックが5曲ほど続き、そこから怒涛のマリリン・マンソン。

そして後半には大槻ケンヂさんの「筋肉少女帯」と「特撮」である。

最後のトラックには、特撮の『アザナエル』という曲が入っていた。しめやかなピアノが鳴る、静謐な曲だ。

このMDはもう、衝撃だった。

いままでにまったく聴いたことのない、イヤらしくてギラギラして、混沌としたこの上なく魅力的な世界がこのＭＤには内包されていたのだ。

以来ぼくは彼と加速度的に親しくなり、最終的にはバンドを組んで活動することになる。

高校の終わりくらいからなんとなく疎遠になってしまって、最近はめっきり連絡も取っていないが、彼がいなかったらいまのぼくは文字通り存在していないだろう。

まさに彼はぼくにとって、サブカルチャーそのものといった人だった。

彼のことばで印象的なのが、好きな格言だか座右の銘だかを書かされたときのものだ。大体みんなテキトーに調べてきたものをチョイスするのだが、彼は、
ゆっくりいそげ!

と書いた。いいセンスしてるなあと思って、後々調べてみたら、英語の格言でもあるそれは、なんと元をたどればローマ帝国初代皇帝・アウグストゥス（オクタヴィアヌス）の言葉だったそうだ。

make haste slowly……

急がば回れとはまた違う、味わい深い言い回しである。

ゆっくりであることと急ぐことが、両立している状態。極限まで集中すると、そんな感覚になることもあるのだろうか。アスリートやアーティストが、「ゾーン」に入るみたいに。

速度にまつわる言い回しには、好きなものがけっこうある。

たとえば、ポレポレ。

スワヒリ語でゆっくりという意味だ。

なんとなく、関西弁のぼちぼちいこか、に近いニュアンスを感じる。

そういえば子供のころ、せっかちだったぼくはよく、関西人の母に言われたものだ。

「ええか壮馬、ぼちぼちいきよし」

そんな母もいまでは、たまに実家に帰ると、ぼくとどっちが先に酩酊するかといったような速度でビールを飲んでいる。

健康でいてくれるのは嬉しいが、まさに人生「ぼちぼち」生きてほしいと切に願っている。

Sくんと連絡を取らなくなって、もう何年経っただろうか。

世界はふと気づくとすごい速度で変化していて、ともするとぼくらは置いていかれそうになる。

大切だった宝物も、幸せな思い出も、辛酸を舐めた部活動も、指の隙間から砂みたいに溢れていってしまう。

禍福は糾《あざな》える縄のごとし。

けれど、全力でゆっくり急ぎながら、ぼちぼち歩いていけば、きっと楽しくやれるんじゃなかろうか。

とりあえず今日は、タクシーも電車も使わずに、よく行く映画館まで歩いてみようかな。

久々に引っ張り出した懐かしいMDを引っさげて、ポレポレと。

名前をつけてやる

（あてのない散歩、しらふ、スマホでメモメモ）


最後の曲は魔女旅に出る。それをはじまりに決めた。

まんじりともしない夜に、いつもと違う街に散歩へ向かう。今宵のお供は、初めて聴くスピッツさんのアルバム『名前をつけてやる』。

聴きはじめ、こんなにブルージィなギターの曲がスピッツに⁉ と思いきや、それはオーイシマサヨシさんの曲でした。なんでだよっ。

仕切り直して頭から、1曲目、ウサギのバイク。

ぼくはバイクに乗ったことがない。自転車にももう乗らないし、車の免許も持っていないから、基本的に乗り物というのは操縦するものではなく乗せてもらうものだと思っている。

電車に乗ってゆらゆら高円寺。まだ木曜日なのに人多し。実はそんなに詳しくない街。名前をつけてやる。名前をつけるのは、所有の証。世界を切りわける所作。ガートルードのレシピ。ART-SCHOOLの汚れた血。空と海を区分する、名前をつけてやる。誰もいない森の中で倒れた木の音は本当に存在するのか。認識論と人間原理。なんてポエムはどうでもいいが、久々に来た高円寺。久々すぎてわかんない。どこに行こう。前に通ってたあの古着屋ってどっち口？

よくわかんないから、ま、適当でいいか。

いつからか口癖が、ま、いいか、になった気がする。前向きなのかもわからない。なあなあでごまかしているだけのようにも思えるが、とりあえず、ま、いっか。

さすが高円寺、やっぱよくわかんない人がいっぱいいる、って書こうと思ったけど意外とそうでもない？　5年くらい前はいたような気がするけどなあ。気がするばっかだなおれ。上京前のイメージとは違って、わりにクリーンな活気のある場所だ、と思った。昔人に連れてってもらった、餃子と瓶ビールしかないお店、どこだっけな。なんて考えながら、歩く。たぶんこの商店街の果てだった気がするんだけど。

飲み物は持ち込み自由で、とにかくすぐに酔っ払っちゃう。あのころはまだ、あんまり飲み方、よくわかってなかったなあ（って、いまもだけど）。

耳元で、すーずーむしのよーるー、とマサムネさん。ほんとにいい声。レモン水みたいな音の粒。ひとつの完成系だろう。声に青春が切り取られている。とか言ってみる。

あてもなく散策して、実は知っている店がもう2軒あるんだけど、なんとなく行けない。

1軒はむかーし通っていたお店が街を変えて移転したところ。マスターが故郷に帰るって言っていたのにしれっとオープンしていたのに最近気づいたのだけど、ほら、ちょっと気恥ずかしいじゃない？　ここでパクチーを食べられるようになったのもいい思い出。

もう1軒は、これまたむかーし、本当に仕事のなかったころに何度か行ったお店。へべれけでご迷惑をおかけしたような気がするので、というかおかけしてしまったので、やっぱり行けない。

だからたぶんおれは今日、どこにも入らずに帰ると思う。餃子も食べずにね。

ちょっと前にクリーンな活気が、とか言ってたのに、けっこうドープそうな店がいくつもある。食べログとかに載ってなさそうなかんじ。東南アジアの屋台街とか、新橋ガード下とか、そんな雰囲気。めっちゃ好み。

さっき言ってたのとは違うお店、酒を頼むと無料で餃子がついてくる、ってそれは果たして無料なのかい？

あっちこっちでみんな笑って、写真を撮って、飲んでる。

いいなあ。混ざりたいなあ。

でもおれは今日は飲めない。これはあてはないが、意義と戒めはある旅なのだ。

……いや、でも、それじゃあ散歩と一緒じゃないか？

旅と散歩の違いはなんだ。目的地の有無か。

だったらこのナイトウォークは、そうだね、単なる散歩かも。

ま、どっちでもいっか。

なんて言ってたら、ほら！

見つけたよ、餃子屋さん。

とか言うけど、ほんとは知ってたんだ、昔よく行ってたライブハウスに行く道だからね。ばっちり覚えていたわけさ。

でも、閉まってる。

絶対にここに来たかったわけじゃない。本当に入りたかったら、調べてくればいいのだ。

でも今日はそうしたくなかった。手間をかけて、なにも得るものがない。さみしくなって、とぼとぼ帰る。なんとなく、そんな日もある。

たぶん、それでいいのだ。

そんな日には、名前をつけなくてもいいか、と思う。

とかいって後日、ちゃっかり覗いて餃子とビールを食らうおれがいる。

人生、そんなもんです。はふはふ。

雨、校舎、永遠について

雨のにおいがして、その通りになった。

夏のはじまり、ドッジボール、息を弾ませたぼくらはまだ遊び足りなくて、くすくす笑いながら校舎の中に逃げ込んだ。

今日に限ってサイズの合わない長靴を履いてきてしまって、ボールの片づけを押しつけられてしまう。

あれほど晴れていた空はにわかに鈍色に染まって、グラウンドに雨粒が散らばる。それはすぐに巨人の足跡になって、やがて大きな湖になる。

濡れた髪も乾かさずに階段を駆け上がり、教室へ入る。

蛍光灯の明かりがすこし目に沁みて、ぼくは一瞬、自分がどこにいるのかわからなくなる。

――なにやってんの?

――こっくりさん。

――手、離していいの?

――あっ。

教室には女の子が3人くらい残っていて、ひそひそなにやら企んでいるみたいだった。

ぼくらはそんなに男女の仲がよくないクラスで、学級委員会で言いがかりをふっかけられて下校が遅くなることもままあった。

けれどその日は、どういうわけかすんなりと話ができた。雨のせいなのか、もうすぐそこにある夏への期待なのか、わからない。

こっくりさんを中断してしまった女の子たちは、はじめはかなり取り乱していたけれど、それにおろおろする男子たちを見ているうちに、むしろおかしくなってきたみたいだった。

誰からともなく、ことばが零れる。

それは降りはじめの雨のように、最初は控えめに、だんだんとテンポを速めて、ときには絡みあい、重なりあって、複雑なアンサンブルを鳴らす。

ぼくらも負けじと応戦した。雨はいまや猛烈な勢いで降り注ぎ、太陽を完全に覆い隠してしまった。

もうほとんど人気はなくて、まるでぼくらだけが永遠に雨の校舎に閉じ込められてしまったかのように思われた。

オカルト話、最近知った世界の謎、好きなスポーツ、アイドル、昨日のテストの答え合わせ、ぼくらはたくさんのことばを交わした。最後まで言い渋った、ちょっと気になっている人の話も、しまいには打ち明けてしまって。

降り注ぐ雨に紛れ込んで、そのことばはよく聞こえなかったけれど。


下校時刻を告げるチャイムが鳴って、ぼくらの永遠は不意に終わる。

なんとなく気怠くて、でも奇妙に熱っぽい雰囲気だけを残して。

ぼくらはさっきまでとは打って変わって、ことばもほとんど交わさずに、そそくさと教室を出る。

もうほとんど雨は上がっていて、ぼくは傘をささないで帰ってみようかな、と思う。

すこし前を歩く女の子3人組は、またいつもの調子でひそひそ楽しそうにしていて、一度も振り返ることはなかった。

ぼくは傘をささない代わりに、しっかり雨を堪能してやろうと思って、大きく助走をつけて、思いきり水たまりを蹴り上げてみた。

勢いをつけたぶかぶかの長靴は、なんの抵抗もなくすぽんと足から抜け、かすかに光の射している雲の切れ間に重なって、あんぐり口を開けたぼくの目の前で、つま先から水たまりに飛び込んだのだった。


目を開くと、外ではまだ雨がしめやかに降り続いているようだった。

仕事の合間に急に降られて、仕方なくこの喫茶店に駆け込んだのだ。

時計を見て、まだ急ぐ時間ではないことを確認した。

なにか夢を見ていたような、懐かしい思い出に触れたような、くすぐったい感覚がまだ残っている。

コーヒーをひとくちすすって、もうすこしだけこのまどろみが続けばいいな、と思う。

次の雨に備えて、新しい長靴を買いに行こう。

そう決めて、ぼくはふたたび目を瞑って、息をゆっくり吐き出した。

もうしばらく、この雨が続けばいい。そう思った。

夏の予感

たまたま早く仕事が終わったある日のこと。無性に蕎麦が食べたくなって、電車に飛び乗った。前から行ってみたかった店があるのだ。

最近になるまで、蕎麦はそんなに好きではなかった。むしろ麺類の中では、ラーメン、うどん、パスタに大きく水をあけられていたほどだ。蕎麦粉の独特の香りも、地元の蕎麦屋さんでよく出てくる鶏モツ煮も、10代のころの自分にはどこがいいのかよくわからなかった。

だがお酒、とりわけ日本酒が好きになってからは、蕎麦の評価は一変した。軽いつまみでさっと酒をいただいて、ずずっと蕎麦をたぐって帰る。蕎麦前。なんとも粋ではないか。なんともかっこよいではないか。

結局のところ、ぼくの精神性は、「モテたいからバンド始めたぜ」みたいな中学生のころとなんら変わっていないようである。

店に着いたのはランチタイムをとうに過ぎたあたりだった。

この時間ならさすがに混んでいないだろうとタカをくくっていたのだが、からからと戸を開けると中はほぼ満席。さすがは有名店である。

こちらのお店は相席が基本なので、店員さんに促され、すでに飲まれていた紳士たちの隣へ座る。5人の紳士たちはもう蕎麦も食べ終わっていたようで、おちょこを片手に朗らかに話されていた。まずは瓶ビールを頼む。

「なに、撮影できたの」

「いえ、違います」

輪に入れてもらい、酒をいただきながら談笑。聞けば、もう30年以上通われている常連中の常連さんとのこと。店主さんとも古い知り合いだそうで、毎週同じ曜日の同じ時間に集まると決めているのだとか。連絡は取り合わず、その日集まれる人だけが集まる。いなかったら、気に留めつつも次の機会を楽しみに待つ。もうずっとそうやってきたのだ。なんか、いいなあ、そういうの。

「きみたちがね、これからがんばってね、盛り上げていくんだから」

「お銚子、もう1本」

「みんな酔っ払ってるんだから、さかなと思って聞き流しな」

「あなご天」

「今度、ご両親を連れてきてあげなさい」

「それじゃ、楽しんで」

紳士たちはさっと会計をして帰られた。かっこいい。舌を湿らせ、調子が出てきたぼくは、突き出しで出てきた蕎麦味噌をひと舐め。うむ。これは、酒だ。


お酒を注文し、ついで本日のおすすめである葉わさびをいただく。歯と歯のあいだできゅっと葉が鳴り、わさびの香りが鼻に抜ける。蕎麦味噌、葉わさび、酒。黄金のローテーションだ。むふふ。

なんてひとり悦っていたら、やきとり到着。塩とタレという究極の選択を迫られたが、今回は塩で。思っていたより量が多く、ネギも付いてくる。卓上にある山椒も加えて、レモンをちょっと搾って。

うまい！

塩味のあっさり感と大ぶりにカットされた肉の絶妙な弾力で、ビールが進むすすむ。たまに、口に入れたそばからお腹がすいてくる食べ物があるが、このやきとりはまさにそれだ。

　こうなってくると、卑しいぼくはもうちょっと飲みたくなってしまう。ええいままよと、お銚子追加でうに注文。ほどなくして、小鉢の中に上品にまとめられたうにがやってくる。昔、うになんて嫌いなものの代表格だったのになあ。いつの間に大好きになっていたんだろう。そういえば、わさびも苦手だったし、お酒だって飲むようになるとは思っていなかった。

　ほんと、なにが起こるかわからないものだ。だからこそ、毎日面白い。面白き／こともなき世を／面白く、するのは心《ここ》の置きどころひとつ。こういうときだけポジティブシンキング。

　などと思考がふわふわしはじめたところで、いよいよメインの蕎麦を頼む。なんだかもうよくわからなくなっているので、海老天蕎麦に決めた。２本もついているらしい。海老の天ぷらは、子供のころから好きだったなあ。

　あらかたつまみも食べ終わり、ちびちび酒をやっていると、店員さんに促され、ぼくよりも若そうな男性が向かいに座った。さっきから、新しく来たお客さんはなんとなくぼくの卓以外に通されていたのだが、ついに相席である。

彼は手早く蕎麦を注文し、水を飲んでいる。酒は飲まないようだ。というか、まだ日も暮れぬうちからこんなに飲んでいる人が多いのが、珍しいのかもしれないが。

きっかけはなんだったか忘れたが、どちらともなく話しかけた。気軽に同席した方と話せるのも、こうしたお店の素敵なところだろう。

彼は関西の大学に通う学生さんで、こちらには就職活動できているとのことだった。酒は飲めないが、麺類が好きらしく、蕎麦屋のみならず、東京の美味しい麺類のお店を色々と巡っているとのことだった。

蕎麦がやってくる。シンプルで、綺麗な盛りつけ。いい香り。もう辛抱たまらん。いただきます。

しばらく、双方無言で食べる。海老天、さくさく。あっちのあったかい蕎麦も美味しそうだなあ。ネギの辛みがいいアクセント。

「よかったら、海老天1本食べます？」

なんでそんな申し出をしたのかはよく覚えていないけれど、たぶん、就活がんばってください、みたいなことを言った気がする。この海老天と蕎麦の相性のよさを分かち合いたかったのかもしれない。

彼は蕎麦を食べ終わるとさっと会計をし、海老天、ごちそうさまですと言って店を後にした。ぼくも蕎麦をたぐり終えて、おちょこに残った最後のひとくちを飲み干し、店を後にした。

しこたま酔っ払った。それに満腹である。

いったい、どこが粋なのか。ぜんぜん格好よくない。

まだ日が高い。駅はどっちだっけ。ふらふらする。

まだまだ、わからんことだらけだ。でも、すこし涼しくなったな。風が気持ちいい。

ああ、そうか。

もう夏がやってくるんだな。

動物たち

動物は苦手だが、動物園に行くのはわりに好きだ。

あの独特の、間延びしたような、でも穏やかな空気。

デートを楽しむカップルやライオンに向かって手を伸ばす少年、フラミンゴは片足で立って水を飲む、夜行性の獣たちは不機嫌そうに鼻を鳴らしている。そんな昼下がり。

ベンチに座ってぼーっと空を眺めたり、持ってきた文庫本をぺらぺらめくったり、誰に強制されるでもない、穏やかな時間だ。

たまにはこんな休日も悪くないな。そう思った。

これが本当に休日ならね。


いや、ぼくが好きなのは動物園であって、動物は苦手なんですって！

などと喚くぼくをよそに、編集エヌ氏はにこにこ笑って、

「買ってきましたよー、あげてもいい餌！」

だから頼んでないんだってば。

渋々受け取り、ちらと目をやると、そこにはつぶらな瞳のゾウさんが。

仕方ない。覚悟を決めるか。

楽しいたのしいふれあいタイムは、こうしてスタートしたのだった。


そもそもの発端は、好きな場所に一日かけて取材と撮影に行っていいと言われたので、採石場と動物園と答えたことからだった。

採石場については別の機会に譲るけれど、動物園に行きたいと言ったのだって、別に嘘ではなかった。子供のころはよく行っていたし、上京してからも何度か足を運んでいた。

動物園はあくせくしていないし、やる気のなさそうなライオンとにらめっこをするだけでも充分楽しめる。直接的な関係を求めていたわけではなくて、プラトニックなお付き合い、それでいいはずだった。

ところが、である。

まず着くや否や、時間限定イベントでゾウさんに餌やりができるというので、いきなりダッシュ。

いや、ですからあの、ぼくは直じゃなくていいんですって！

そんなこんなでご対面。

うわー、ゾウさん、巨大ー。

でもこのゾウさん、とても紳士な方で、器用に鼻先を使って、ぼくが震える指で持つ白菜だけを上手に摑んでくれた。

ありがとうゾウさん。これでぼくのミッションもなんとかこなせたよ。

「じゃあ次はキリンさんですね！」

えっ？


キリンさんには、時間によらずいつでも餌やりが許可されている。

正直、ゾウやキリンといった本当に大きい動物を間近で見るのは久しぶりだったので、イメージがわかない。

ゾウさんは思っていたよりもかなり大きかったから、キリンさんなど推して知るべしである。

そんなこんなでご対面。

うわー、キリンさん、ロングー。

4頭もいる！　近くで見るとなんというかこう、けっこう迫力があって、ていうか歯が丈夫そうでなによりですね、はは。

みたいなことを考えていたら、撮影チームから「GO」の指示。ゾウさんは鼻を使うのはわかるけど、キリンさんは？　キリンさんはどうするの⁉

舌。

紫色で厚みがあり、唾液で光る舌でございます。

ゾウさんとはうって変わって、指先まで餌だと思っているんじゃないかってくらい舐められました。

美味しかったのかな。そう思ってキリンさんたちを見やると、まだ餌やりを許可されていない若いキリンさんが、ジト目でこっちを見ております。

ごめんよ、でもぼくにはどうすることもできないんだ！　飼育員さんから美味しいごはんを貰ってね！

「じゃあ次は遊園地ですね！」

えっ？

苦しみながらも見事任務を遂行したぼくだったが、まさかそれを上回る試練が待ち受けているとは想像だにしていなかった。

その動物園には遊園地が併設されていて、せっかくだからアトラクションのほうでも撮影をしましょうという流れに。

ぼくは高所恐怖症かつ絶叫系が苦手という、遊園地を楽しむことにパラメータを割り振らなかった人間なので、この提案には正直あまり乗り気ではなかった。

だが、そうはいってもなかなか遊園地には行かないし、この雰囲気を見るかんじだと、本格的なスピードを出すようなものはないだろうとタカをくくっていた。

甘かった。

縦横360度回るアトラクション。

シートベルトがゆるゆるなジェットコースター。

軋みながら上昇し、てっぺんでなぜか静止する観覧車。

カメラマンさんはにっこにこ、ぼくはもちろん青息吐息。

すべてを終えたあと、ぼくに優しいのは、売店で売っていた、いつもと変わらぬポカリスエットの味だけであった。

しかしまあ、嫌だ嫌だと言っていても、なんとかなるのが人間というもの。ゾウさんキリンさんとのふれあい体験も、どうやらぼく自身満更でもなかったようで、後日すぐさま別の動物園へ足を運んでみたりした。

その日はとても風が強くて、ほとんどの動物たちは身を縮こめて寒さに耐えていた。ハシビロコウもマレーバクもジャイアントパンダも、暖かい屋内に早く入れてくれとでもいうような恨めしげな視線を送ってくる気がする。

ごめんよ、動物園というのはそういうものなんだ。申し訳なく思いながらも、閉園直前の園内を歩く。

そのとき、はたと気づく。

自分はずっと動物たちを見ていると思っていたけれど、それは裏を返せば、彼らからも自分たちが見えているということじゃないか。

視線を感じる。恨めしげ？　本当にそうだろうか？　彼らの瞳は、本当にそんなマニュアルどおりの色彩を帯びているのか？　見られているのは、いったいどちら？

寒いはずなのに、額をひと筋の汗が伝う。

振り向くこともできないまま、ぼくは足早に動物園を後にした。

後日、卒業後地元に帰って就職した大学の友人と飲んでいたら。

「こないだあそこの動物園にいたよね」

えっ？

「閉園間際に」

えっ？

「おれも行ったんだよ！　後ろ姿見かけた！」

って、おまえだったんかい！

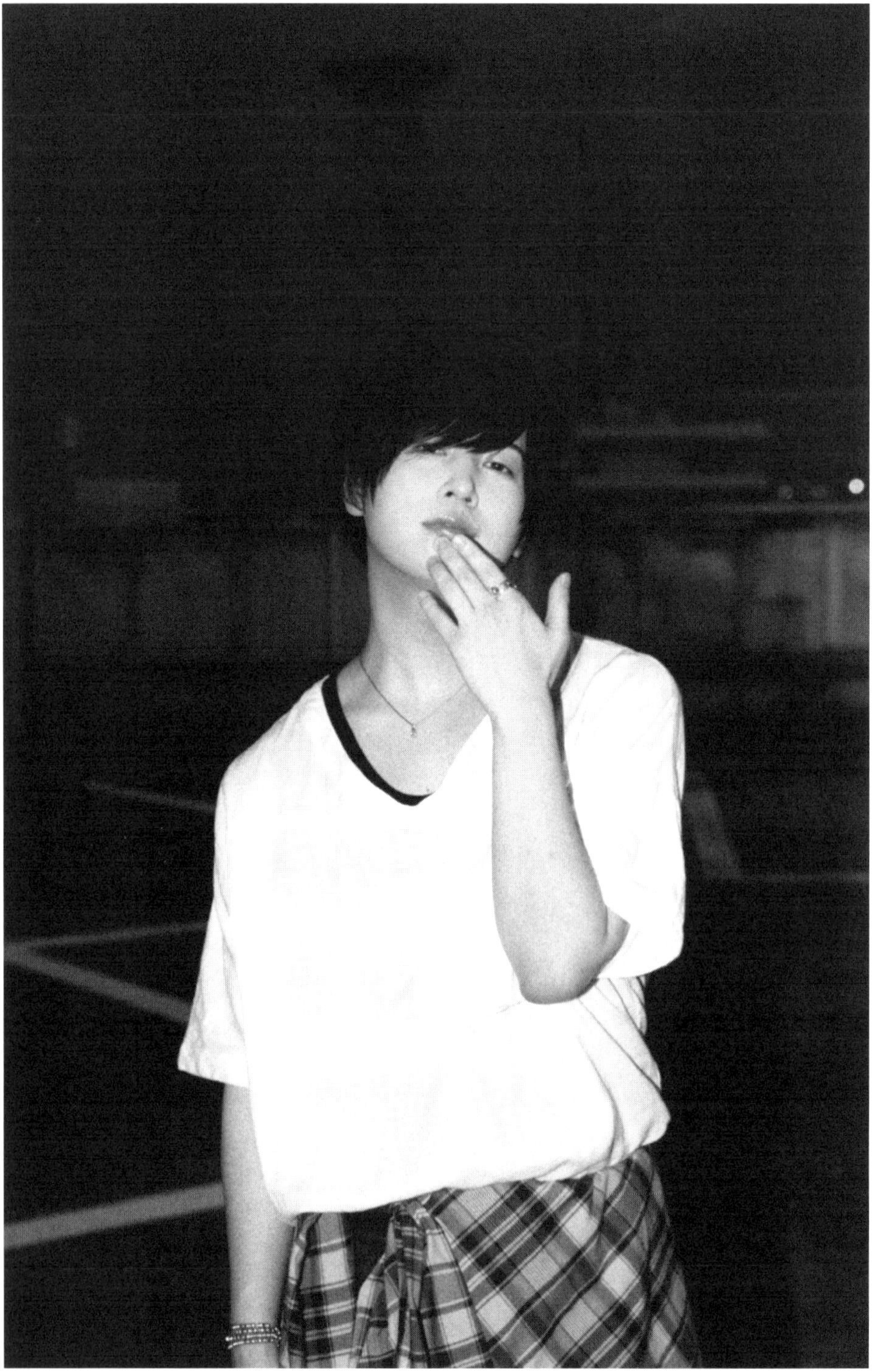

我が愛しのバードランド

〈バードランド〉をご存じだろうか？

知らないのも無理はない。バードランドとは、我が地元・山梨県にかつて存在したレコードショップの名前である。もう10年ほど前、ぼくが高校1年生か2年生のころになくなってしまった店だ。レコードだけでなく中古・新品のCDも売っていて、バンド少年だったぼくは、仲間と一緒によく自転車を飛ばして通ったものだった。

あのころは、地元のことがそれほど好きではなかった。いつか自分はこの町を出て、もっと開けたいい場所に行って、レアな紙ジャケCDを中古で買ったりカルト映画をミニシアターで観たりして、心も身体も満たされて生活するのだと、純粋にそう思っていた。

ここではないどこかに行きたい。小説や映画、アニメ、音楽などに傾倒したのも、それらフィクションに耽溺しているうちは、自分であることを忘れ、作品の世界に浸りきることができたからなのかもしれない。

バードランドは跡形もなく取り壊され、別の店舗がそこで営業している。あのとき鳴っていた音楽は、いまやぼくの記憶の中にしか存在しないのだ。

そしてそれも、悲しいかな、日々薄れてきてしまっている。

そのころのぼくにとっては、世界のすべては自転車で行ける範囲で、それよりも外の場所、たとえば東京なんかは、ほとんど幻想の街のようなものだった。昔住んでいた団地や、通っていた学校が壊されてゆくたびに、自らの記憶の中のそれも崩れてゆくような気がして、えもいわれぬ寂寞感に苛まれたものだ。

スタジオの他によくみんなで行っていたのが、くだんのバードランドである。

各々、音楽の趣味はまったく違ったが、それがバンドにとっていいことだと信じきっていた。狭い店内をうろついて、掘り出しもののCDを見つけると、こっそりメンバーのところへ行き、アイコンタクトをして頷き、笑いあった。そういう時間は、いま考えればなによりも貴重で純粋なものだった。

学校が終わるのが待ち遠しくて、夕闇のあぜ道でひたすらペダルを漕ぎ、メンバーの家に行く。次のスタジオの打ち合わせをして、最近よかったバンドや小説の話をして、夕飯に遅れないようまた自転車にまたがる。あれこそがぼくの青春だった。

初めてバンドを組んだのは中学生のときだったが、移動はもっぱら自転車だった。近所には音楽スタジオなんて大層なものはなかったので、バンドメンバーのひとりの家に集まって練習をしたものだ。彼の家は車の修理会社を営んでいて、お店が休みの日にはガレージを使わせてくれた。

田舎のバンドの御多分に洩れず、みんなギターがやりたくて、ドラムを担当したがる人はいなかった。そんなわけで、ぼくらの記念すべき初バンドは、ギターボーカルのぼくと、ギター担当、ベース担当、それから打ち込みのドラムというスタイルで活動を始めた。

初めてバンドでコピーしたのは、T.Rexの『Get It On』だった。シンプルでとてもいい曲だが、コーラスのハイトーンを歌えるのがぼくしかいなかったため、何回録音しても微妙にしまりのない演奏になってしまった。

当時のぼくらはとにかく斜に構えていて、一般的によしとされていることにノーを突きつけなければ気がすまなかった。たとえばボーカルなら、格好よく歌わない、ビブラートをかけない、しゃくるなんてもってのほか、腹から声を出さない、エトセトラ、エトセトラ。もともとの技術が拙いうえに、そんなポリシーを持って活動していたのでは、うまくなるわけがない。ほどなくしてぼくらはオリジナル曲を書きはじめたが、どんどん上達してゆくのは、皮肉にもサンプリングの腕だけだった。

高校生になった我々は、何度かのメンバーチェンジと、進学先がばらばらだったことによる活動休止期間を経て、バンド名を変えて再始動した（余談だが、この数年後、ぼくらのバンドとまったく同じ名前のバンドが海外でデビューしていて驚いたのを覚えている）。

長い時間をかけて自転車を走らせると、街のスタジオに辿りつく。思いきり音を出せる環境で、何度もなんども曲を演奏した。

ぼくは生での演奏よりも、究極の音源を作ることの方に興味があって、録音の仕方や音づくりにとてもこだわった。アコーディオンやバイオリンを入れて、アナログなものとデジタルなものをどうにかして融合させようとした。とはいえ、ぼくだけがイニシアチブを取っていたわけではない。みんなで延々と議論をして、それでも決着がつかなければファミレスへ移動して、ああでもないこうでもないと会議を続けた。ときにはメンバーのひとりの納屋を借りて合宿をすることもあった（結局はドリームキャストやセガサターンのゲームをやったり、旧ソ連映画を観たりすることになったけれど）。

そのころのぼくには、小説や曲を書く際、自分に課している共通のテーマが3つあった。それは、

〈（過剰な）センチメンタリズム〉

〈世界の終わり〉

そしてもうひとつは……

おっと、忘れてしまった。

まあ、こういうふうにして記憶は薄らいでいくということである。ともかく、当時はそういったエモーショナルな気持ちを創作活動にぶつけることが、ぼくにとっての救いであり、癒しだったのだ。

でもその西瓜糖の日々はやがて終焉をむかえる。バンドは解散し、我々は次第に連絡を取り合うこともなくなる。実家に帰り、思い出の場所へ自転車を走らせてみても、それらはもうとうの昔に取り壊されていて、新しい建物や、新しい生活がそこに上書きされていく。

10代のころに夢見たあの理想の街など、どこにもないんだ。気づくのにそう時間はか

からなかった。

いや、けれど、それでいいのかもしれない。

声が聞こえる。男の子ふたりが、笑いながらぼくの横を飛ぶように駆けていった。彼らにとっては、あの灰色の団地よりも、新しく建てられたマンションこそが、これからの記憶のすみかであり、新しい思い出の刻まれる場所なのだ。蜃気楼のようにかすみゆくバードランドは、次第にその痕跡すらも風の中に舞い散り、消えてなくなってしまうだろう。

それでも、ぼくの頭の中にバードランドが店を構えているうちは、折に触れて通おうと誓う。思い出の場所も、その記憶自体も、どんどんなくなってゆく。それは裏を返せば、新しい思い出をどんどんつくってゆけるということでもある。ぼくらの心の中に。記憶の中に。

——記憶の中で鳴りつづける音楽を、自分にも奏でることができるだろうか?

それはわからない。けれど、まあ、やってみよう。

七色の夜に飛び出して、記憶と記録の中で、行けるかぎり遠くまで、飛びつづけてみるのだ。

『フィッシュストーリー』によせて
2017・6・7

ヒラエス、ヒラエス

ウェールズ語に、ヒラエスということばがある。

もう帰ることのできない場所、あるいははじめから存在しなかった場所に対する郷愁や切なさをあらわすことばだ。

知ったのはごく最近なのだけれど、こういう感覚はたぶんずっと昔からあったと思う。ぼくの言い回しでいくと、「日曜日の午前中の澄んだ空気」とか「エモい」とか、そういう表現になるかもしれない。

かつて存在したもの、あらかじめ存在しなかったもの、自分の中にしか存在しなくなったもの。

そういうものに、これまでも、そしてこれからも惹かれていくのだと思う。

ゲームといえば、ほとんどＲＰＧしかやってこなかった。それも大抵、携帯ゲーム機である。

ポケモンにはじまり、ドラクエ、ＦＦ、テイルズ、ペルソナ、聖剣伝説、スターオーシャン、長いシリーズでないものではMOTHER、黄金の太陽、マジカルバケーション、もんすたあ★レース、桜国ガイスト、STAR HEARTSなどなど……挙げだしたらきりがないが、小学生くらいまでのぼくは、とにかくなにかに取り憑かれたかのようにＲＰＧをやっていた。剣と魔法の世界も、日常と隣り合わせにある冒険も、大好きだった。

そんなぼくが、あれに出会うのも時間の問題だったといえよう。

そう、ＲＰＧツクールである。

ＲＰＧツクールとは、キャラクターやマップの素材を組み合わせて世界を構築し、自らの手でＲＰＧを作ることができるゲームだ。

あのころのぼくは、そうやって空想にふけるのがなにより好きだった。思えばそうして想像の世界に遊んでいるときも、心臓のあたりがきゅっとなって、切ないような、悲しいような、そんな気持ちになったのを覚えている。

最初に出会ったのは、ゲームボーイで出ていた『ＲＰＧツクールＧＢ』で、いまでもオープニングテーマをそらで歌えるくらいにはやりこみ、暇さえあればノートに「新作」の設定やストーリーをしたためたものだった。

『RPGツクールGB』は、プレイステーションで遊べる『3』『4』や、パソコン用の『2000』などに比べるとできることは限られているが、当時のぼくはあのドット絵にたまらなく魅力を感じていた。

この気質はいまもあまり変わっていなくて、壮大な物語よりも、私的な箱庭のような作品が好きだったりする。


さて、そんなRPGツクールにおいて、創り手が最初に直面し、そして最後まで苦しめられることになる、まさにラスボス的な現象がある。

その名を、「エターなる」という。

これは読んで字のごとく、「エターナル（eternal）」を動詞にした造語で、「様々な事情により、ゲーム制作が中止、あるいは放棄され、作品が（永久に）完成しない」ことを意味する。

この現象はゲーム制作時のみに起こるわけではなく、たとえば小説、漫画、映画など、あまねく物語の制作時に起こりうる。実際ぼくの実家にも、完結させることができずに放棄した小説のデータがたくさん眠っているはずだ。

何事においてもそうだけれど、物事を始めるときの一歩は大変だし、それをやり遂げるのはもっと大変である。

こればかりは、過程よりも結果が大切である……というより、最終的な結果でしか判断できないのだ、といわざるをえない。内容はどうあれ、ひとつの物語を完結させ、世に送り出すというのは、創り手の権利であると同時に、果たすべき義務でもあるのだ。


それでもぼくは、永久に完結しない物語のように、不完全でいびつなものに、なぜか惹かれてしまう。

いまもぼくのRPGツクールの中には、無数の放棄された物語たちが、誰も足を踏み入れることのない街が、語り手も聞き手も存在しないセリフが、決して救われることのない囚われの姫君が、現れもしない勇者を待つ魔王が、ひっそりと息を潜めて、ただ、ある。

そしてたぶん、ぼくが彼らを虚無から解き放ち、時の氷を溶かしてやることは、もう二度とないのだろう。

けれど、ぼくにはそれがたまらなく愛おしい。四角い世界の中で緩慢に朽ちていくデータの海に、廃れゆくものに、どうしようもなく惹かれてしまう。

この気持ちのことを、あるいはヒラエスと呼ぶのだろう。
でも、それはきっと、かなしいだけではないのだと思う。

ささやかだけれど、大切な寿司

なんとなく気分が塞いでいるときにすることといえば、ぼくの場合は飲酒であったり、読書であったり、映画鑑賞だったりするのだが、もちろん美味しいものを食べるというのもそのひとつである。

子供のころは外食といえば蕎麦か焼肉だったので、上京してからこんなにも選択肢があるのかと驚いたものだ。特に大学生のときは、安くて量の多い定食屋さんや、ラーメン、とんかつなどなど、若者の心と胃袋を満たすことに特化した店によく行った。なんならいまでもたまに、いや、けっこう通っている。

そんな貧乏青年がなかなか手を出せないものといえば、回らない寿司と相場が決まっている。もともと寿司が、特にまぐろが大好きで、たまに出前を取ってもらうときなど、まぐろづくしを頼んだものだった。

回転寿司にはちょこちょこ行くことはあったけれど、本格的な寿司屋には、20歳の青二才はなかなか通えるものではない。それでも、大学を卒業する直前あたりになると、たまのお祝いに行くことのできる素敵な店に出会った。

地元のお寿司屋さんといった風情のそこは、気取った雰囲気は一切なく、活気のある板前さんたちがちゃきちゃきと握りやつまみを提供してくれる、飲み屋づかいもできる店である。何度か行くうちに名前を覚えていただいて、いまではみんなに「そうちゃん」と呼ばれている。もはや親戚の子扱いである。うれしい。

そんなわけで、自分にも行きつけのお寿司屋さんというものができてしばらく経つのだけれど、そこでは実に様々な経験をさせてもらった。

まずなんといっても、寿司が好きだというわりに苦手な食材が多かったぼくが、かなり多くのものを食べられるようになった。その店に行くようになる前までは、うに、いくら、白子、あん肝、かわはぎ肝付、ほやなどはまったく食べられなかった。甘えびの美味しさもわからなかったし、えんがわなんてどこがよいのだろうと思ってさえいた。

いまでは右に挙げたものは全部大好物であり、大将の仕入れた日本酒をちびちびやりながら楽しんでいる。

ネタはどれも美味しいのだけれど、たいていいつも頼むのは、きんめ、甘えび、うに、中とろである。赤身ももちろん美味しいのだが、ちょっとばかしの贅沢心もあいまって、なんだかんだ中とろを頼んでしまう。

ただ最近は、お任せの楽しさに目覚め、いつも行くと、骨せんべいとネタ4つくらいの盛り合わせで2、3杯やって、そのあとはすべてお任せで握ってもらっている。最後はいつもとろたくでシメているのだが、これがまたたまらない。

そうやってたまの贅沢を楽しんでいるのだが、先日、どうにも気分がものすごく落ち込むことがあって、これは寿司を食べなければいかんと思った。しかし、ひとりで食べるにはあまりに心もとなく、友人の役者を強引に誘って、ふたりで押しかけた。

彼は突然の申し出にも快く乗ってくれて、とりとめもないぼくの話をゆっくり聞きつつ、ときにはたしなめ、ときには笑って慰めてくれた。実にいいやつである。

さて、そういうわけで塞ぎ込んでいたぼくは、美味しい寿司やつまみをいただいても、なかなか気分が上向きにならなかった。どうしたものかと思っていたところに、やつがやってきた。

大とろである。

ぼくは脂があまり得意ではないので、ふだん自分で頼むときは大とろを選ぶことはほとんどない。そういう理由もあって、いつも中とろなのである。彼も同様のようで、最近なかなか脂ものきついよねえ、などと言いつつ、ぱくり。

瞬間、脳みそを直接ガツンと殴られたような衝撃に襲われた。

うまい。

うますぎる。

「おい、これ」

「やばい」

「まじで」

「うまみが脳を殴ったよな」

「殴った」

「やばい」

「やばい」

実に偏差値の低い会話である。だが事実だ。

濃厚だがけしてくどくない甘み、それをほどけるかほどけないかの瀬戸際で握りに仕立てあげた職人の仕事、両者をつなげる醤油のファインプレー。すべてが有機的に絡まり、我々を現世のしがらみから解き放ち、血糖値を上昇させ、セロトニンの分泌を促進し、圧倒的多幸感へと誘った。

瞬間、ぼくをそれまで包み込んでいた重苦しい空気が霧散し、ハッピーになり、アホになった。最高である。

「うまい」

「あまい」

「おれ」

「うん」

「げんき」

「うん」

「でた」

「やったぜ」

幸せである。それから1時間、我々はとりとめもない話をして、ただただ寿司を食べつづけた。話の内容はあっちにいったりこっちにいったり、けれどそれは先ほどまでとはうってかわって、負の感情のデフレスパイラルではなく、ポジティブな遊びを孕んだものになった。

美味しいものを食べるだけで、上向きになれる。気の置けない友人と話すことで、幸せになれる。そんなささやかだけれど大切なことを、これからはもっと慈しみ、大事にできるようにしよう。そんな決意を新たにした。

さんきゅーヨシキ、また行こうぜ。

in the meantime

——本が好きです。

本を自分のアイデンティティにするようになったのはいつごろからなのか、もう覚えていない。

物心ついたときから、家中の絵本、民話、神話、図鑑を読み漁っては、空想の世界に遊んでいたものだ。たぶん、母が寝しなに読み聞かせをしてくれていた影響が大きいと思う。母は決まって物語の途中で寝入ってしまうから、自分で続きを読むしかなかったのだ。

食事や睡眠に近い位相で、ずっと本を読んできた。それは高校生のころまで続いて、毎日学校の帰りに書店へ行き、何冊も表紙買いしたものだった。

だが大学生になり、時間を持て余すようになってしまうと、不思議と読書時間が目減りしていった。上京したら無限に本が読める、とあれだけわくわくしていたのに、いつの間にか、その切実な情熱が薄れてしまっていたのだ。

熱を失ったぼくは、しかし、少ない情報を大きく見せかけることに関してはある種の才能を持っていたようだった。タイトル、著者、書き出しの数ページとあらすじを知っていれば、その場しのぎの会話に困ることはなかった。もちろん、多くの人に底の浅さを見抜かれていたとは思うけれど。そうやって、知ったかぶりをしつづけて、高校時代までの遺産を食いつぶしてなんとか大学を卒業したのが、22歳のぼくだった。

いつしかぼくの中では、「好きだから本を読む」のではなく、「本を読んでいる自分が好き」という逆転現象が起こってしまっていた。自分でもとっくの昔にそのことに気がついていたのに、いまさら引き返せもせずに、ただ同じことばを繰り返した。

——本が好きです。


音楽も、映画も、同じことだった。気づけばぼくは、かつて純粋に好きだったものを単なるステイタスとしてしか見られなくなっていた。自分という人間を構成する要素のひとつとして、本当はなくてもいいのにそれらを必要とするように振舞っているにすぎなかった。10代のころの自分には——ここではないどこかに行きたいという狂おしいほどの焦燥感に苦しめられていたぼくには本が必要だったのさと、賢しいふりをしてみたりもした。そんな熱はもうとっくに消え失せていて、あるのはただ、そうした要素にしがみついていなければなにもなくなってしまうのではないかという、漠然とした恐怖感だけだった。

仕事を始めてからは、やれ台本のチェックがあるだの、やれ歌を覚えなければならないだの、誰に聞かせるでもない言い訳ばかりして、さらに読書の時間は減っていった。そういう、自分に都合のよいえせロジックを作り出すことだけが、ぼくの天から与えられた能力だった。

そもそも、趣味というのは誰かに——もちろん自分自身にさえ——強制されてするものではない。好きなことに気持ちが動いてしまうのに、理由なんかいらないはずなのだ。けれどぼくは、空虚な自分を満たすために、楽な方法を選んだ。それは酒だったり、惰眠をむさぼることであったり、自分を肯定してくれる人の話を聞くことだったりと、とにかく受動的な行為ばかりだった。同じことを、手を替え品を替え、さも真新しいことのように見せかける。そういうまやかしがどんどん得意になっていって、その度にやるせない気持ちが募った。嘘をついてすべてをごまかしているだけなんだと思うと、苦しかった。

でも、そんな生活を続けていたある日、なにかきっかけがあったわけでもないのに、なぜだかふと「本が読みたい」と思った。自分の感情を追いかけるのがへたくそになっていたぼくは、それが本心からくるものなのか、建前を内面化してしまっているのか、判断がつかなかった。たぶん、見極めるのが怖かったのだと思う。だから数日間、その気持ちをそっとしておいた。

しばらくしてわかったことは、どうやらこいつは、かつてのあのひりつくような飢餓感とも、ここ数年の偽りの感情とも違う、シンプルでささやかな気持ちのようだ、ということだった。

結論からいうと、ぼくを救ってくれたものはふたつある。それは、電子書籍と町の書店だ。

ぼくはずっと電子書籍に否定的で、紙のよさが損なわれてしまう、本というのはその形態そのものに美学があるのだ、と頑なだったのだけれど、いざ使ってみると、なかなかどうして、とても便利で使い心地がよい。

もちろん、紙の本とまるっきり同じというわけにはいかないけれど、自分の場合は、新書やビジネス書など、実用的な本は電子媒体で読んだ方がすんなり頭に入ってくることがわかった。また、巻数の多い漫画なども、スペースを取らずに持ち運べ、拡大して読むことができるのにはとても助かっている。

そういうわけで、失われた読書の習慣をもう一度ぼくに根づかせてくれたのは、まぎれもなく電子書籍だといえる。そういえば、大人になってよかったと思うことはあまり多くないのだけれど、変なこだわりを捨てるのがいくらか楽になったことは、自分にとってポジティブな成長だと思う。

それから、町の書店。散歩をしているときや移動中に、たまたま見かけた本屋さんにふらりと入ってみる。何気なく手に取った本を数冊買って、喫茶店や公園などでさらっと読む。いままで、それこそこの数年間というものついぞできなかったそんな簡単なことが、電子書籍によるリハビリを経て、ふたたびできるようになったのだ。いまでは、外出するたびに買ってきてしまうから本棚が埋まってしまって、床やソファの上にところ狭しと本が積み重ねられている。気が向いたときに読んで、きりがよくなったら手を止める。あたりまえのことだろう、とあなたは思うかもしれない。そのとおりだ。でも、ぼくには特別な、ほとんど神秘的といってもいいことなのだ。

こういうことすらも、あるいはアイデンティティを担保する術にすぎないのだろうか？

そうかもしれない。なにをもってして本当に心が動いたといえるのか、本当に好きとはどういうことなのか、ぼくにはまだよくわからない。でも、だからこそぼくは、これからも本を読みつづけるだろう。

ひとつだけわかっていることがあるとすれば、そう、たぶん――嬉しかったのだ。また本が読みたいと思うことができて、ぼくは嬉しかったのだ。

いつか、本当に心から、ぼくにも言うことができるだろうか？　掛け値なしに純粋な気持ちで、打算も、見栄も、取り繕いもなく。

――本が好きです。今度は嘘じゃありません。

SOMA SAITO
KENKO DE
BUNKATEKI NA
SAITEIGENDO NO
SEIKATSU

第2夜

斉藤壮馬のつれづれなるままに

こちらはWEBで不定期連載していた原稿で、
雑誌のものよりもさらに軽口のものになっています。
オチがなかったり、論理が飛躍していたりするものもあるけれど、
そんなゆるいかんじもいかがでしょうか？
なんて思っていたりします。

ツウなかんじ

仕事の合間に渋谷で牛かつを食べていると、隣のテーブルに座っている男子高校生4人組の会話が聞こえてきた。

「やっぱり岩塩、いいよ」

「ツウなかんじがする」

「や、おれは油塩だね」

「ツウはわさび醬油だろ」

いいなあ。

思えば高校時代、こうして下校途中に寄り道をして、みんなでわいわいごはんを食べたことなんてなかった気がする。

授業が終わったら自転車を走らせて、県で一番大きい本屋さんに行って、小説と漫画をジャケ買いする。そんな毎日だった。

上京してカフェや喫茶店巡りをするようになるまでは、コーヒーを飲んだこともほとんどなかった。

たまーにバンド仲間とスタバに行ったような気がするけど、ぼくは彼のクロッキー帳を眺めながら、紅茶をすすっていた。コーヒーを舐めながらマグカップのスケッチをする彼の姿が、なんだかとても「ツウ」なかんじに思えたものだ。

ツウつながりでいえば、お酒が飲めるようになるまで、蕎麦の美味しさもぜんぜんわからなかった。

家族で蕎麦屋に行っても、ぼくはいつも決まって天丼を頼んだ。うちの地元には鳥モツという有名なB級グルメがあるのだが、祖父や父がビールと一緒にそれを流し込み、蕎麦をすするのも、これまた「ツウ」に感じられたのだった。

とはいえ、当時のぼくの中の序列は、ラーメン＞（超えられない壁）＞うどん＞（超えられない壁）＞蕎麦、といったかんじだったから、特に試してみることもなかった。

コーヒーも蕎麦も、塩で食べる天ぷらも、レモンを搾ったえんがわも、全部ぼくは試さなかった。高校生までのぼくは、一歩を踏み出すのにかなり慎重な少年だったといえるだろう。

さて、そんなツウなかんじに憧れた斉藤少年は、晴れて上京を果たしたのちに、あらゆる「ツウ」を試してみることにする。

仕組みを理解しないままに水出しコーヒーが云々と言ってみたり、蕎麦を3分の1だけつゆにつけてすすってみたり、とりあえずヌーベルヴァーグを観てみたり、エトセトラエトセトラ。

悲しいかな、おのぼりさんのぼくはすでにスノビズムの権化となっており、ツウであることがステイタスであると考えてしまうお年頃なのだった。

思うに、高校生の彼らは、別に本当にツウであるかなんてことはどうでもよくて、ただみんなで美味しい食べ物を美味しい食べ方で食べることをわかちあい、わいわい楽しめればそれで充分なのだ。

ぼくも高校時代にそんな「ツウ」な楽しみ方をしておけばよかったなあ、と思いつつ、ひとまず今日は帰りがけに日本酒を一杯、塩をつまみにツウっといただこうかな、などと考えているわけである。

最高の時計

昔からアクセサリーの類が苦手で、指輪やネックレスなんてしたことがなかった。もっといえば、首や腕になにかが密着している状態がどうにも窮屈に思えて、タートルネックのセーターも着たくなかったほどだ。

しかし人は変われば変わるもので、いまではシルバーアクセもモックネックも好んで身にまとうようになった。ふらっと立ち寄った雑貨屋さんで、以前はまるで興味のなかったそうした小物を見るのが、最近の楽しみでもある。

特に凝りだしたのが、時計である。

ぼくはふだん、たいてい黒かブラウンのシンプルな時計をつけている。ベルトはレザーがほとんどで、それ以外にはアイスウォッチを1本持っているくらいだ。

昔から、時計、とりわけ金属ベルトの時計というのは大人のアイテムだ、という漠然とした感覚があって、野球をやっていた父のたくましい手首に巻かれたそれを見るにつけ、自分は一生つけることはないのだろうなあと思ったものだった。

ところが、仕事を始め、写真を撮っていただいたり人前に出たりする機会が多くなるにつれ、どうにも手元、首元に寂しさを感じるようになった。基本的には服装もシャツとカーディガンのようなシンプルなものが好みだが、あまりにも簡素すぎては雑誌に映えない。そこで集めはじめたのが時計だった。

なにもうん十万もする高級なものをつけようというわけではない。ただシンプルで、かつ品があり、文字盤がうるさすぎず、フレームはゴールド系ないし真鍮で、ブランド名のロゴの収まりがよく、肌になじむレザーで、つけ外しが容易で、マニッシュというよりはユニセックスで、シャツの裾からチラリと見えたら気の利いているかんじで――

……こうして、ぼくの時計探しの日々が始まった。

百貨店の時計コーナーからクリエイターさんと直接やりとりができるハンドメイド系アプリまで、ああでもないこうでもないと探しに探した。メンズファッジの街頭スナップでヨーロッパのお兄さんがつけているものが格好いいと思っても、すれ違う紳士の右手に光る粋な逸品を不自然に回り込んで何度も観察してみても、どうしても「最高の一本」が見つからない。もはやここまでくると、時計本来の機能などどうでもよく、左手に最高にフィットする相棒を探しているかのような気持ちになってくる。

このエッセイを書いている現在も、結局これという一本は見つかっておらず、時刻は手元に置いてあるスマホで確認している始末である。まあでも、人生の折り返しにもまださしかかっていないというのに、「最高の時計」に出会ってしまったら、それから先、楽しみがひとつなくなってしまうとも考えられる。

そいつに出会うまでの時間は、そう神経質に計らずに、ゆっくり楽しんでみるのも悪くないのかもしれない。

ホピ・シンクロニシティ

仕事から帰って家でぼーっとテレビを見ていたら、季節の変わり目の定番、オカルト特集をやっていた。

番組では、ネイティヴアメリカンの部族のひとつであるホピ族の予言について紹介されていた。「平和の民」を意味する名前を持つ彼らは、マヤ族の末裔とされ、予言というかたちで様々なことばを語り継いでいる。それらを国連総会で発表したとして、ちょっとしたニュースになったようだ。

ぼくはオカルトや都市伝説が大好きだけれど、自分で心から信じているかと問われれば、素直にイエスとは言い切れない。あくまでも趣味というか、楽しむもののひとつとしてそれらを享受している。

したがってその番組も、酒の肴くらいの感覚で、ふーんと流し見をしていたのだった。

その数日後、中島らもさんのエッセイをこれまたながら読みしていると、なんとそこには「ホーピー族（ホピ族）」の文字が。

あら奇遇と思って内容を精読すると、どうやらホピ族というのは、特殊な時間の概念を持っているようだった。彼らの解釈では、時間は過去から現在、未来へと流れていくものではなく、「開示するもの／開示されたもの」と捉えられているらしい。

ぼくはそれを読んで、アカシックレコードのことを考えた。

アカシックレコードというのは、簡単にいうとこの世界のあらゆる現在、過去、未来が記述されている代物で、そこにあっては物事はまさに「開示するもの／開示されたもの」として並列に扱われる。時間は流れゆくものではなく、ただそこに「ある」ものというわけだ。

ぼくとしては、オカルトについてのスタンスと同様に、アカシックレコードに関しても、絶対にそうだ！　と思っているわけではないけれど、今回のテレビとエッセイのように、不思議な符牒というものは、きっとあると考えている。

たとえば、大学で卒業論文を書いていたとき、それまでなんの関係性もないように思えていた事象が、急に線を結んでつながってくるという経験を何度もした。もっと遡っていえば、受験勉強をしていたときに、世界史で学んだことが英語の長文の題材で出てきたりして、学ぶことの面白さの一端を感じたものだ。

そういう不思議な符牒のことを、シンクロニシティという。

日常の中のちょっとした奇跡や、偶然の織りなす興味深い一致。

ホピ族の予言や、アカシックレコードのように、世界の全てがあらかじめ規定されているかどうかはわからないけれど、すくなくともぼくは、身近なレベルのそうしたシンクロニシティを、大切に感じて生きていきたいと思う。なんだかそっちの方が、毎日がちょっとだけ楽しくなるような気がするからだ。

さて、というわけで今晩は、そんなシンクロニシティに乗っかって、一杯ひっかけに行こうと思う。

飲むのはもちろん、ホッピーである。

ポカリ

とにかくポカリが大好きだ。

物心ついたときから、飲み物といえばいつでもポカリだった。スイミングスクールの帰りも、運動会の水筒も、ごはんのお供も、みんなポカリ。

でも、子供のころはわりに両親が厳しくて（いま考えると当然なのだが）、食事中はお茶か牛乳にしなさい、と躾けられて育ったので、夜中にこっそりせんべいと一緒に晩酌をするくらいで、暴飲することはなかった。

余談だが、ぼくは幼いころ、両親がそんなにもありがたがって美味しそうに飲むお酒というのは、きっとポカリみたいなものだろうと思って、ペットボトルのキャップにポカリを入れ、ちびちびとやっていたものである。

とにかく、ぼくとポカリの関係性は、18歳まで適切だったといえる。

ぼくらの距離に変化が訪れたのは、ひとり暮らしを始めた春のことだった。止めてくれる親のいない自分だけの城に住み、いつ起きるか、なにを食べるかも自由になったぼくは、ポカリとの間を急速に縮めていった。

朝起きてポカリ。お昼ごはんとポカリ。おやすみ前のラストポカリ。ぼくの傍らには常にポカリがいた。

20歳になり、お酒を飲みはじめてからは、もうぼくの体内の水分はほとんどポカリに入れ替わってしまっていた。

ちなみに、ひとくちにポカリといっても、そのフレーバーには多数の種類があることをご存じだろうか。

容器の差異だけとっても、缶ポカリとペットボトルポカリがあり、さらにポカリスエットパウダー、ポカリスエット ゼリーなどというものもある。ステビアという甘味料を使ったものもあったし、最近はイオンウォーターという薄味のものもよく見かける。

もっとも付き合いが長く、また味も好みのものは缶ポカリなのだが、いかんせん携帯するのに不便だ。二日酔いの朝などはペットボトルポカリを飲むが、やはり缶ポカリの飲み口の金属質な冷たさ、その中にひそむ染み入る甘さがたまらない。

もし今際の際になにかひとくちだけ口にしてもよいならば、ぼくはビールでも唐揚げでも梅干しでもなく、絶対にポカリを選ぶだろう。

声優界広しといえども、こんなにもポカリを愛しているのはきっとぼくらいのものである。

というわけで、お仕事、お待ちしております。大塚製薬さま。

左耳の意味

リズムをとるのはいつも左耳だ。

先日、たまたま自分がレコーディングしている姿を動画で見る機会があった。ライブならともかく、アフレコ中や歌唱中に自分がどういう立ち姿になっているかは、なかなか客観的に見ることはない。

眉間にしわを寄せがちだなとか、この服は先輩に買ってもらったものだなとか、色々と考えながら見ていたのだが、ふとあることに気がついた。

ずっと左耳に手を当てている。

正確にいうと、レコーディングのときはヘッドフォンをしているので、左耳につけたそれを触っているのだけれど、短い動画のさなか、ぼくは一度も左耳から手を離さなかった。

全然意識をしたことがなかったが、そういえばいつも、レコーディングのときにリズムをとったりメロディを確認したりするのは、左耳なのだ。ライブのときも、クリック（一定のリズムをキープする音）はもちろん、全体のボリュームバランスも左耳で確認している。

歌うときばかりではなく、たとえばアフレコで自分だけ別収録の場合も、ヘッドフォンを左耳にしかつけない。

ラジオのときも、いつも左耳にだけイヤフォンをつけている。

仕事柄、自分の身体的所作にはそれなりに気を遣っているつもりだったけれど、思わぬ落とし穴にはまった気持ちである。

左耳、というのには、なにか意味があるのだろうか？

すくなくとも自分の中にはない。右利きだからその方が身体のバランスがとれるような感覚はある。

まあ、こういうのはこの時代、本を読んでゆっくり探すのもいいけれど、人かネットに尋ねるのがいちばんだ。

というわけでぐぐってみた。

すると、いちばん上にきたページに驚くべきことが書いてあったのだ！

いわく、右脳と左脳がそれぞれ直感的／理性的判断を司るとよく言われるが、その観点からいくと、左耳から伝わった信号は、右脳──つまり音などを直感的に判断する力に優れた部位で処理されるというのだ。

これはつまり、おれはセンスがあるってことなんじゃね？　と内心ほくそ笑んでいると、記事は続けて、音楽の作り方というのは一説によると、右耳はリズム、左耳はメロディがそれぞれ優位になると綴られていた。

えっ、じゃあむしろ逆だったってこと……？

思い返せば、メロディラインの硬軟や曲の好みなどとは別に、どうにもうまく歌えない歌というのがたしかにある。そして芝居も、直情的な役なのになぜか今日は瞬発力が足りないな、という日がある。

これはもしや、その用途に分けてヘッドフォンを装着する耳を変えれば、さらに素晴らしい結果が出せるのではないか。

これはエレガントな考えだ。またひとつ、新たなスキルを手にすることができた。

そうほくそ笑んだぼくは、このとき考えもしなかったのだ。

だったら最初から両耳につけりゃいいじゃん、と。

さんま

さんまの時期が、今年もやってきた。

なんといってもさんまは塩焼きに限る。大根おろしも、醤油も、いらない。添えるならばせいぜいかぼすくらいのもので、塩をきつめに振って、すこし焼きすぎなくらい焼いて、つまむ。

蒲焼、缶詰、刺身、寿司、アヒージョなどなど、あらゆる食べ方を試したけれど、やっぱりどれも塩焼きには敵わない。

我が地元・山梨県には海がないが、あまりにもぼくがねだるものだから、週に一度は必ずさんまが食卓に並んだ。

子供のころはうまく箸が使えなくて、父がぼくら兄妹のぶんの身を丁寧にほぐしてくれていたものだった。

のちに自意識が芽生えてからは、自分でやるといってきかなかった。当然うまく身はほぐせず、さんまは無残にもバラバラにつままれていた。それでも懲りずにさんまを食べつづけていたら、なんとかそれなりに食べられるようになった。

最近はよく、頭に切り込みをいれ、箸で上下をほぐして、中骨を一気に取り除くやり方を見かけるけれど、魚、とりわけさんまを食べるときには、それをしたくないと思う自分がいる。

あのころ、来る日も来る日もさんまと格闘していた身からすると、裏技を使わずになんとか綺麗に食べてやりたいという気持ちが強くあるのだ。

さんまで繋がる縁がある。

近所の、雑多な雰囲気だがものすごく美味しい居酒屋を先輩に紹介してもらって、たまに行っていた。

その店には同じぐらいの年齢の客はあまりおらず、細々と飲んでいたぼくのことを、店員さんたちも認識していなかったと思う。

ある夏の終わり、さんまの塩焼きがメニューに追加されているのを見て、すかさず頼んだ。

しばらく待っていると、隣にぼくよりもすこし年上と思わしきカップルが座った。彼らもさんまを頼んだのだが、なんとぼくが頼んだ1尾がその日で最後だったらしい。

タイミングというのは無情なもので、店員さんがそう言うや否や、さんまが運ばれてきた。そうそう、これで終わっちゃったのよね、と店員さん。いたたまれないぼく。

すみませんという表情を浮かべながら、さんまに向き合う。

うむ。いい顔をしている。

ビールをさっと口に含み、唇を湿らせて、ひとくち。

ああ。これこれ。

ほどよく脂の乗った身、塩と焦げ目のマリアージュがたまらない皮、そしてなんといっても子供のころは食べられなかったワタ。ううむ、どれもたまらない。

これはもう酒だろう。八海山を頼んで、ローテーションに華を添える。

気づけばさんまは、頭と骨、尻尾を残してきれいさっぱりなくなっていた。

ちょうど酒もなくなったので、店員さんを呼ぶ。すると、あらあ、あんた、すんごいきれいに食べるねえ、と店員さん。

その声を聞いて、先のカップルもこちらを見た。ひとりがおおー、あっぱれ、と言って、もうひとりが、これじゃあさんまも本望ですね、と言った。

店員さんが、さんまのお礼にビールあげるよ、と言うので、おことばに甘えて、いただいた。カップルも同じタイミングで飲み物を頼んで、どちらともなく話しかけ、一緒に飲みはじめた。

いまでもそのお店にはよく通っていて、店員さんたちにもすっかり覚えていただいている。カップルにもたまに会い、ここはなにを食べても美味しいですね、などと話しながら飲んだりする。

ああ、もういけない。さんまがぼくを呼んでいる。もし皆さんがどこかの居酒屋で一心不乱にさんまと向き合っているぼくを見つけても、どうか微笑むだけにとどめておいてくださいませ。

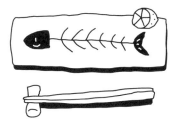

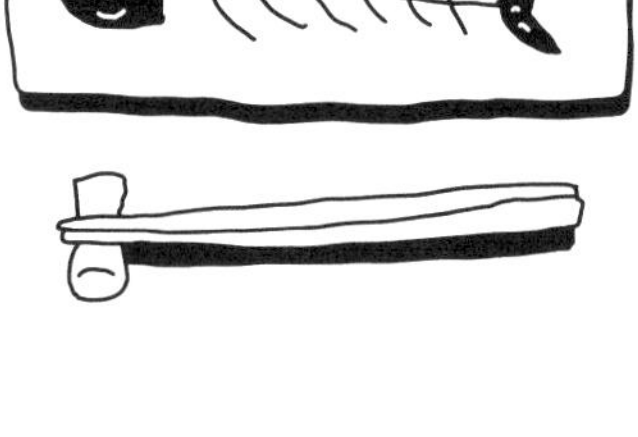

マウントフジ

を見てきてくれと編集エヌ氏に言われたのだけれど、スケジュール的にそんなの無理ですよーと気軽に流していた。

が、いまぼくは、富士山駅の喫茶店にいて、レモンジュースを飲み、ART-SCHOOLを聴きながらこの原稿を書いている。まったく、人生どういうことが起こるかわからないものである。

レモンジュース、酸っぱい。だが、それがいい。駅前の喫茶店、地元のマダムたちのきれいな笑い声も、隣のお兄さんたちがくゆらせている煙草の煙も、心地よい。

最近、人生の様々なことや自分自身を肯定できるようになって、とても生きやすくなった。落合陽一さんも、苫米地英人さんも、ブッダも、同じことを言っている。中村天風さんのことばに、「人生は心一つの置きどころ」という至言があるけれど、なんとなく、それが腹にすとんと落ちたのだ。

ついこのあいだまで、自分の行動の原動力には、すくなからず「怒り」があって、今生のテーマのひとつは、そうした感情に支配されすぎないということだった。

具体的なきっかけがあったわけではないけれど、ぼくの人生はまたもやオラクルに救われてしまったのだ（ぼくは人生の岐路に立たされると、なぜかいつも神さまから啓示をもらえるのだが、そのへんの詳しい話はボイスニュータイプ64号のインタビューを参照してくださいませ）。

まあ、そういうわけで、はたから見ればこいつやばい宗教でも始めたんじゃないかという言い回しだけれど、なんとなくそうなったわけである。

今日はこれから、小学校時代の友人たちと10年ぶりに会う。思い出は美化され、記憶の中で変化してゆくものだ。でも、きっと、今日は楽しい夜になるだろう。

レモンジュースの氷が、からんと音を立てる。まだ待ち合わせにはもうすこし余裕がある。

初夢は見なかったけれど、富士山を見た。たぶん、今年はいい年になる。それで充分なのだ。生きることを、ゆるやかに楽しもうと思う。ゆっくりと、ぼちぼちと。皆さまにも素敵なことが訪れますように。

あけましておめでとうございます。

釣りのはなし

（今回の記事は、わたくし斉藤壮馬のデビューシングル、『フィッシュストーリー』を聴きながらお読みくださいませ）

ブローティガンの小説にはよく鱒釣りのモチーフが出てきて、わりとそれが好きだったりする。釣りというのは基本的に待ちの作業だから、茫洋とした時間をどう過ごすかが大事である。元来自分はなにもしないということが極端に苦手で、隙間の時間があるとなにかしなければという強迫観念めいた思いにかられてしまう。はじめは本を持って行ったりしていたのだが、なんだかそれにもすぐに飽きてしまって、なにかしなくちゃという焦りとともに、水面を見つめる日々を過ごしている。

海か川かといわれればぼくは完全に川釣り派で、リールも使わないシンプルなものがもっとも好みである。たまに車を出して、山奥の渓谷に行ってのんびり糸を垂らして、釣果があればその場で捌いていただく。酒が飲めないのが辛いところだが、山間の静けさの中で食べる川魚のうまさはえもいわれぬものがある。先日大きなイワナを釣り上げたときは、思わず「フィーッシュ！」と大声を出してしまった。グランダー武蔵である。フライフィッシングにも挑戦してみたいし、わかさぎ釣りもやってみたい。釣りの世界は奥深いのだ。

ところが最近、その待ちの時間に変化が生じた。うきの作る波紋をぼんやりと眺めていると、意識が肉体を離れ、まったく違う想念が湧き上がってくる。思考が三次元的な論理から解き放たれて、とりとめもないイメージの連鎖が始まるのだ。寝る前の状態にすこし似ているかもしれない。

このごろはもはや、釣りそのものよりも、そうしてぼーっとすることの方が主目的になっているかもしれない。それなら家でもいいじゃないかと思った皆さま、そのとおり。でも、そういうことじゃあないのです。人里離れた山の中で、木々のささやきや動物たちの息遣いを感じながら行うというシチュエーションが大事なのである。

久しく新しい竿を入手していないから、近々釣具店に赴いて、色々と調達しようと思う。ああ、この際ナイフも新調しようかな。

まあ、本当は釣りなんて一回もしたことがないのだけれど。（曲終わる）

ミルクボーイ、ミルクガール

給食のとき、休みの人がいた場合、それは牛乳争奪戦になると相場が決まっている。自分で言うのもなんだけれど、ぼくは小学生くらいまでは非常に活発な少年で、休み時間になると率先してドッジボールを行うタイプだった。給食ももりもり食べていたし、余ったおかずのじゃんけん大会には必ず参加していたほどだ。

中でも牛乳が好きで、あの冷たい瓶に入った白くてつややかなそれを、一息に飲み干すのが大好きだった。クラスのみんなもぼくのことを、「あいつはアベレージ2本はいく猛者だぞ」と認識していたはずである。

家でもパックの牛乳を隙あらば直飲みして、よく親に怒られたものだった。おそらく、1日平均して1リットル以上は軽く飲んでいたのではないだろうか。派生フレーバーも好きで、コーヒー牛乳とかフルーツ牛乳、バナナジュースにメロンミルクなど、目についたものからごくごく飲んでいたものだ。

したがって当然、ぼくの家の冷蔵庫にはいまも牛乳が常備されているのだけれど、最近、正確にいうとここ半年ほど、どうにも様子がおかしい。牛乳を飲むと、ほぼ１００パーセントの確率でお腹を下してしまうのだ。

人様に見せる文章でいったいなにを書いているのかとお思いの方もいらっしゃるだろうが、牛乳大好きっ子の自分にとって、これはゆゆしき事態である。たしかに日本人は牛乳を消化するのがあまり得意ではないというような話は聞いたことがあるし、家族の中でも父が牛乳を苦手としていたりするけれど、自他共に認めるミルクボーイだった斉藤少年に、いったいなにが起こってしまったのだろう？

リサーチの結果、哀しき事実が判明した。先にも書いたとおり、やはり日本人は牛乳に含まれる「乳糖」という成分を分解する能力が低い人が多いようである。それに加えて、乳糖を分解する「ラクターゼ」という酵素は、大人になるにつれて減少するというのである。ざっくりいうと、赤ちゃんのころは母乳から様々な栄養素を吸収するために分泌されるが、その必要がなくなってからは量が減ってしまうそうなのだ。もちろんこれは研究途中の一説にすぎないから、明確な根拠をここでは提示できないけれど、実感として、子供のころよりも牛乳に対する耐性が弱まっているのはたしかである。

小学３年生のとき、なによりも大好きだったからあげを食べていたら急にじんましんが出て「ああ、愛とはかくも哀しきものなのだなあ」などと思ったものだが、それに勝るとも劣らないかなしみである。

とはいえ、まったく飲んではいけないということではないようなので、少量ずつ飲むなどして、適切な距離感を保つことができれば、これからもミルクガールたちとの関係は続けていけそうである。

と、ここまで書いて、いきつけの喫茶店にたどり着いた。仕事の合間によく寄るのだが、毎回決まって頼む飲み物がある。もちろん今日もそれを頼む。

「すみません、アイスミルクひとつください」

だって好きなんだもん。

植物を愛でるということ

植物を育てるのが苦手だ。

いや、苦手、だった。

定期的に水やりをし、肥料を与え、日光浴をさせる……文字にしてみれば当たり前のことが、どうしてもできなかった。

そのことにかなり早い段階で気がついていたぼくは、基本的に植物を家に招き入れることをしなかった。花がきれいだともあまり思ったことがないし、それよりは鉱石や建築物など、硬質なものに惹かれていたように思う。

けれど最近、めちゃくちゃ愛でている。

我が家にはいま、ユーカリ、オリーブ、サンスベリア、ピレアグラウカ、チランジアテクトラムなどがおり、すくすくと育っている。ルンバしか愛せないぼくはもはや過去の人となったわけである。

なにかきっかけがあったのか、と問われると、はっきりとこれ、というものがあるわけではない。もともとサボテンというか多肉植物のフォルムは好きだったけれど、水やりが必要なものにはまったく興味がなかったのだ。

家にはソファがふたつあって、ひとつはカリモクのモスグリーン色のものである。その横にアイアンウッドのサイドテーブルを置き、ドライリーフとなったユーカリを飾る。Casaで見たことあるぞこういう光景、というような眺めになっていて、なんだか自分でも笑ってしまう。

植物にも当然、それぞれの個性があって、歩み寄り方も様々である。昔はとてもじゃないがそんなしちめんどうなことなんてできないよ、と思っていたけれど、人間変われば変わるものである。

彼ら彼女らに水をやり、肥料を与えることによって、おそらくぼく自身もまた、エナジーをもらっているのだと思う。しかし日によって植物たちが見せる顔は様々で、いつもどおりに水をやっても、しおれてしまうこともある。最近は気温のせいだろうか、すこし元気がなくなっているように思う。論理一辺倒ではたちうちできないところに、植物の生命としての有り様を感じる。水やり3年というけれど、まだまだ道のりは長そうだ。

このエッセイは、掲載時から加筆修正がなされているが、いったん停滞から脱したと思っても、心が別のもやに取り憑かれてしまうこともある。たぶんそうやって、すこし進んでまた戻ったり、よくなったり悪くなったりしながら、日々を営んでゆくしかないのだろう。それでも、めげずに水をやり続けていれば、また芽吹くこともある。それを信じて、気負いすぎずやっていこうと思う。

　将来は博物館みたいな家に住みたい。たくさんの本と、植物と、いにしえのかおりを感じるものたちに囲まれて、のんびり暮らせたらいいな。そんなことを考えている、今日このごろである。

第3夜

夜明けの口笛吹き

カンバセイション・ピース

温泉に行きたい。

気づけばそんなことばが、よく口をついて出るようになった。

子供のころは湯船に浸かることにも乗り気ではなくて、父が好きだった温泉にも、あまりつきあったことはなかった。

ところが、である。

どうもここ最近は、きちんとお湯を張ってみても、入浴剤を片っ端から試してみても、なんだかしっくりこない気がするのだ。

温泉に行きたい。

湯それ自体の効能もさることながら、見知らぬ人と爪先からじわじわ温まる感覚を共有して、浴衣を着て宿の周りをふらつく。冷えたところに燗をつけた酒を軽く飲んで、夜も早いうちに泥になる。

その一連の流れが、なんだかいまはとても素敵なことに思えるのだ。

だから今日、ぼくは温泉に行く。


思えば昔から、家族で旅行するところは、決まって温泉地だったような気がする。

ぼくは人に裸を見られたり、誰かが汗を流した風呂桶を使ったりすることがとても苦手な子供で、だから温泉も好きではなかった。

風呂上がりのビールのうまさも、ぼうっとした頭で眺める野球中継も、どこが面白いんだかちっともわからなかった。

たぶんそんな気持ちを察したのだろう、いつしか父は、休日の温泉にもキャッチボールにも、ぼくを誘わなくなっていった。

その場所には家族で行った記憶がなく、漠然と、「まち」というイメージだけを抱いていた。

街でも町でもなく、まち、である。

出発して駅弁を食べ、本を読みながらうとうととして目を開けたら、潮の香りが鼻をくすぐった。

海風が強くて、砂浜は固かった。

かつての自分は、旅行というのは誰かに連れて行かれるものであり、たとえば父の車に乗ってしか行けないところがたくさんあるのだと思っていた。

けれどいまや、このまちは現実の場所としてたしかに存在していて、ぼくは自らの意思で降り立つことができる。あのころと同じ足でここに立っているはずなのに、なんだかひどく遠いところへ来たような気がした。


ものすごく天気がよくて、けれどまちはひっそりと呼吸をしていて、穏やかに眠っているみたいに思えた。

入り組んだ道を抜けて、宿に着く。地元の方に長く愛されてきたのだろう、あたたかい雰囲気を感じた。

まずは、浸かる。

かけ湯をして、指先をそっとくぐらせる。けっこう熱い。それがまたよい。

馴染みのお客さんたちがぽつりぽつりとこぼすことばが、反響して絡み合い、湯気になって消えてゆく。

不思議なもので、湯に浸かってふと発したひとりごと——モノローグが、気づけばつながりあい、ダイアローグになる。

ぼくはそれが、いまはとても好きだ。

身体の芯に火が灯り、じわじわと汗が滲んでくるのを感じながら、なんとなくぼくは、昔のことを思い出している。

父とは何度かふたりで旅行をした。

あるとき母方の実家に向かう途中、山道をぐんぐん進み、宿に泊まった。父が、ビールがなくなったので買いに行くと言って出て行ったまま、なかなか戻ってこない。宿の方と心配しながら外で待っていると、麓の方から大きく手を振って、おおい、おおいと呼ぶ声が。すわこれは妖怪と思ったら、角の売店がもう閉まっていたため、麓まで酒を買いに行った父だった。なんともユニークな人である。

それから、こんなこともあった。

いくつかの温泉を巡ってスタンプを押し、手帳を完成させるというスタイルの温泉地で、夏だというのにすこし肌寒い中、外湯巡りをした。ぼくはせっせと父の車の中で聴くCDを鞄に詰めたものだった。このアーティストさんはこういう音楽をやっているんだよ、と熱っぽく語ったことをよく覚えている。帰り道、なぜかCDショップに寄って、ぼくが当時から、そしていまでも一番好きな、エリオット・スミスのCDを買ってもらった。そのアルバムはいまでもよく聴く宝物のひとつである。

父も祖父も野球をやっていたけれど、野球をやれなんて、一度も言われたことがなかった。キャッチボールにしても、あくまでもコミュニケーションの一環として誘ってくれるだけで、決して無理強いはされなかった。家族に生き方を強制されたことなんて、一度もなかった。それはたぶん、とても幸福なことだったのだと思う。

芝居がしたい、役者としてやっていきたい、と伝えたとき、両親にふたことだけ言われた。

——よかったね、人生をかけてやりたいことが見つかって。

——でも、自分の人生なのだから、自分で責任は取りなさい。

……ああ、そうか。

グローブを使ったキャッチボールはしなくなってしまったけれど、考えてみれば、いつもボールは投げられていたのだ。

なぜだかぼくはちょっと感傷的になって、同時に嬉しくもなったのだった。

温泉から帰宅すると、実家からぽんかんが届いていた。

そういえば子供のころ、祖父母から送られてくるみかんやぽんかんが好きで、飽きもせず延々と食べていたっけ。

久々に食べたぽんかんの味は、すこし甘酸っぱくて、今日はよく眠れそうだな、と思った。


久しぶりに、父と短い電話をした。

今度みんなでドライブに行って、そのあと温泉に入ろうよと言うと、笑って快諾してくれた。

でもぼくは免許を持っていないから、運転はお任せします。

ビバ助手席。父上ありがとう。

結晶世界

誰もいない森の中で木が倒れた。

果たしてそのとき、音はしたのだろうか？

哲学の古典的命題だ。

ぼくは以前は、自分の認識できないものは存在してもしなくても意味がない、という立場だったので、先の問いの答えは「音はしなかった」だと考えていた。

たとえばコミュニケーションでいえば、自分にどのような意図があったかは関係なくて、相手にどのように受け取られたのか、どう認識されたのか、それがすべてだ――と、そんなふうに思っていた。

たまたま寄った神保町の古本屋で、とある写真集を見つけた。

アナ・バラッド。

アメリカ人の女性写真家だ。

浅田彰さんが解説を書き、SF作家J・G・バラードになぞらえて語られたそれは、夢の中のような、起きながら眠っているような、「いつかのあの日」の感覚をぼくに喚び起こさせる。

モノクロで撮られた写真たちには、ロケット、熱帯、植物、かつて人々が夢に燃え、未知への渇望を抱いた熱狂の残滓が切り取られていた。

キリコやマイブラッディヴァレンタインみたいに、醒めながらもトリップしている感覚。必要以上に冷静にならず、かといって躁状態でわめき散らす必要もない。宇宙と熱帯、遠いどこかといまこの場所。一と全。共鳴しあう相反する要素。凪の状態。


最近、いままで読んでこなかったジャンルの本をよく読む。たとえば写真や建築には、以前はほとんど興味がなかった。それはたぶん、自分の手で作り出せないと思っていたからだと思う。その点、文章や音楽は、自分でも手が届くような気がしていた。そんな浅はかさを興味だと偽ったところから、いまの自分がはじまったのかもしれない。その壮大な勘違いと思い込みが、いまのぼくを結晶のようにかたちづくっている。

もちろんいまでもそれらは大好きで、というか加速度的に好きになりつづけているのだけれど、それに加えて、アート、写真、建築、ファッション、工学、機械、政治経済、数学、伝統芸能など、より多くのことに興味が持てるようになってきた。

知らない、ということは、ある点ではとても素敵なことだが、生半可に知ってしまったぼくは、これからもずっと知りつづけていくしかないのだ。いや、けしてペシミスティックな意味ではなく、素のままでそうしたいのだ。昔教科書で、哲学（フィロソフィー）の語源とはフィロソフィア、つまり知-愛だという文章を読んだけれど、たしかにぼくは、知るということを愛しているのだと思う。

２０４５年にシンギュラリティ（技術的特異点）がきて、ＡＩが人類の知能を上回ると言われている。識者たちはそれによるメリットと不安を語り、民衆はそれに踊らされる。ぼくはゆらぎながら、その真ん中をいって、この世界の先になにがあるのか、もっと見てみたいと思う。

その中で、アナ・バラッドのように、虚構と現実のあわいにたゆたう遊びを大切に、ただそこにあろうと思う。エリック・サティの家具の音楽のように。能における花のように。

誰もいない森の中で木が倒れた。

果たしてそのとき、音はしたのだろうか？

いまなら思う。たぶん、したのだろう。そしてぼくは、誰もいない森の中でひっそりと佇む木のように、ひそやかに、穏やかに生きたいと願う。

あるいは、聞こえるはずのない音を聴くような姿勢を、心の中に持ってゆきたいと思う。

最後にすべてが結晶になって、きらめきながら溶けあってゆくその瞬間を待ちながら、ゆるやかに流れていく。逃げも攻めもせずに。否定も決めつけもせずに。ただ、流れていく。

ふたつのバラード／バラッドによせて

健康で文化的な最低限度の生活

現在時刻は午前3時、今日は朝から日付が変わるまで働いたから、息抜きも兼ねてビールを軽くあおり、改稿作業に勤しんでいる。ポテトチップスをつまんで、ロング缶をちびちびやっているわけだ。やたらと風が強くて、家の周囲をにぎやかな子供たちが覆っているような錯覚に陥る。

連載が始まってから丸3年、思えばたくさんのエッセイを書かせていただいた。初回の『痛みに弱い人間なのです』は若書きもいいところだけれど、どんな文体にすれば読んでもらいやすいだろう、などと考えていた当時のテンポ感も大切にしたいと思い、大幅な修正は加えずに掲載しようと決めた。

書き下ろしに関しては、『カンバセイション・ピース』『結晶世界』のどちらもが、どの媒体にも掲載されてはいないものの、連載期間中に執筆されている（文体からいつごろ書いたかを推測していただいても面白そうですね）。もちろん直しはしたけれど、書籍化するにあたって、これらを踏まえたうえで、改めていまの自分の気持ちに向き合ってみようと考え、収録に踏み切った。そんなわけでこの文章は、当エッセイ本全体のまとめのようなものだと思っていただければ幸いである。

この連載の期間、心身ともに健康であったときも、そうでないときもあった。最初のうちは実際になにかを体験して執筆するスタイルだったが、次第に日常に題をとるようになった。各回の方向性は、大きくわけて軽口のものとセンシティブなものとに区分される。そのときどきに感じていたことが記録として残っているのは、やはりいいものだ。それにしても、たしかに好きなこととはいえ、食と酒についてのエピソードが半数近くを占めているというのはどうなのだろう。我ながら笑ってしまう。

健康というのは実にあやふやなもので、ちょっとのことで気分がとても上向きになったり、起きるのも億劫になったりする。それでも、大きな流れの中にたゆたうように、バイオリズムに左右されすぎることなく、おおらかに構えていたいものだ。

ちなみに、『健康で文化的な最低限度の生活』というタイトルは、学生時代からずっと仲のよい友人たちの知恵を借り、もっともぴんときた案を採用した。もちろんこれは憲法第25条生存権のことだが、不健康なぼくがこの一文をタイトルに冠し、エッセイを書くというアイロニカルなかんじが気に入ったのだ。彼らとはいまもよく飲むし、一生それが続けばいいな、と思っている。そういえば、友人たちは奇人変人のオンパレードなので、このエッセイに登場していてもよさそうなものだが、不思議とそうすることはなかった。たとえば、我が家に集まって2キロ以上の肉を仕込んで250個餃子を作ったり、学生時代に徒歩で5時間以上かけて海を目指してみたりと、くだらなく、そしてかけがえのない無茶をやった。それぞれが各々のフィールドで活躍しているけれど、機会があればぜひ、彼らとのことも書いてみたい。

さて、ではどんなことばを紡いできたかといえば、先にも挙げた食べ物と酒、心象スケッチの他には、中島らもさんについてよく書いた。氏の本に出会ったのは中学生のころだったが、そのときよりもいまの方が、滋味を持って染み込んでくる気がする。らもさんは、教養というのは自分ひとりで時間を潰せることだ、と言っていた。なるほど、それこそまさに文化的な生活といえるのかもしれない。このところ寝スマホで無為に時間を過ごしてしまっている自分は、まだまだ健康で文化的な生活には縁遠そうだ。本や映画、音楽との出会いはまさしく縁で、『S is for Subcul ture』でも書いたが、何度かあったぼくの人生の大きな転換点のひとつは、間違いなく中学1年生のときだろう。そうして出会った無数のものたちが、血肉となり、酸素となり、ぼくの身体を循環して、吐き出される。読んでいる本の文体の影響をすぐ受けてしまうから、勘のいい読者の方には、そのときどきにどんなものに触れていたかが筒抜けかもしれない。

らもさんの小説に『水に似た感情』という作品がある。これは氏が躁状態と鬱状態、2回に分けてバリ島に行った経験をもとに書かれた小説である。どちらにもらもさん特有のユーモアは共通しているけれど、やはり精神状態が執筆に与える影響は大きいのだろう、作中には静と動、ふたつのムードが漂っている。不思議なもので、ぼく自身の状態がアッパーなときは、同じく躁状態の部分が面白く感じ、醒めた印象の鬱状態パートはさほど響かなかった。らもさんほど大幅ではないにせよ、自分も気分の上下が激しいタイプである。いまはフラットな状態だと思っているが、最近読み返したら、以前はさほどぐっとこなかった静かな部分に、妙に惹かれた。こういうことがあるから、本を読むのは面白い。

さらにいえば、自分の文章を期間をあけて再読すると、そのときどんな精神状態にあったかも克明に思い出すことができて、これまた面白い。改稿中は、ものすごくハッピーな内容なのに沈んでいたな、その逆もあったな、などと懐かしみながら、自分の3年間に触れ直した。そのときはよく書けた！　と思った文章でも、時間が経つとまったく違う趣を感じるのは不思議なことである。

最近、父方の祖母、そして母方の祖父と、手紙のやりとりをしている。もともとぼくは悪筆なので、文字を書くのがあまり好きではなかったのだけれど、手紙というのはなかなかどうして、書き手の間や個性を感じさせるものだ。近ごろは文字の練習を始めた。祖父が、独学で小学校の教科書をひたすら模写して字の特訓をしたと言っていたので、それに倣って家の中の本たちをちびちび写している。お気に入りのペンや万年筆、書きやすく目に馴染む用紙を手に入れ、毎日すこしずつ綴っているのだ。昔、『作家になるためには』というようなタイトルの本に、作家になるためには、ひたすら好きな作家の文章をタイピングしなさい、と書いてあった。本当かよ、と思っていたが、いまならすこしわかる気がする。

芝居も生き様も、なにをどうきらびやかに取り繕ったところで、結局は日々の積み重ねに勝るものはない。かつての連載でも書いたように、ぼくは自分をごまかしたり、うまくかわしたりするのが得意だった。ひとつの決意表明……なんて大げさな話ではないけれど、未来の自分が言い訳をして逃げてしまわないように、こうして記録に残しておこうと思う。

過去を振り返っていく中で、昔の自分の声を聴き返した。

芝居の巧拙はともかく、クリアな声と滑舌、無駄な力みのないまっすぐな音がそこにあった。最近仕事をしていると、どうしても舌が回らなかったり、きれいな音が出づらく感じたりすることがある。頭や顎、首などのストレッチをしたり、肺活量を増やす器具を導入したり、舌をゆるめてポジションを正したりと色々試行錯誤しているけれど、まだまだうまくいかないことも多い。正直、収録を終えて、自分はいったいなにをやっているのだ、もう駄目なのではないだろうか、と思うことも多々ある。それでも、やっていくしかない。苦しくても、そうして積み重ねた日々の先にもっと楽しいことがあると、信じて続けるのだ。

先日、ある尊敬する先輩と話をしていたら、人は必ず生きていく過程で、感性と論理の天秤にぶつかる、という話になった。どちらかに天秤が傾いたとき、それに寄りかかって思考をするのは簡単なことだが、片方からの視点では、物事を的確に捉えることができない。だから自分は、俯瞰的視点を持ち、しかしあくまでもフィールドに立ち、天秤が釣り合うよう「中庸」でありたい、と。そのためには、やはり日々の積み重ねが必要だが、すぐにわかりやすい結果は出ない。それでも、やるしかないんだ。そうおっしゃった先輩に、ぼくはすんでのところで泣きそうになってしまった。それは、苦しみや悲しみの涙ではなくて、うまく説明できないのだけれど、なにか救われたような気持ちがする涙だった。とても奇妙な話だが、ああ、そうか、もっともっとがんばってもいいんだ、楽しみながらがんばることは決して間違いじゃないんだと思えて、すとんと憑き物が落ちたような気がしたのだ。

この週末には台風がやってくるらしい。子供のころ、台風の予報があると、妹たちと秘密基地を作ってお菓子を持ち込み、雷の音に声をあげながら、たわいもない話をしたものだ。

このエッセイには、記憶と記録のエピソードがたくさん出てくる。過去を追想するということは、実際の記録とはまた異なる世界を自分の中に見出すということなのかもしれない。過去へ飛び、未来を見据え、いまここを慎ましやかに生きていけたら、人生まずまず上出来なのではなかろうか。その反復のさなかで、行きつ戻りつしながら、健やかに、穏やかにありたいと願う。決して過去を美化することなく、未来を歪めることなく、ただ、中庸に。

ひとまず週末は、実家に帰って久々に家族の顔を見てこようと思う。実はこのあいだ、日帰りで実家に行った際に、みんなとすこしぎくしゃくしてしまったのだ。自分の心に余裕がなくて、みんなにいやな思いをさせてしまった。電話も、手紙も、メールも、それぞれが美点を持ち、効果的なメディアである。けれどたぶん、いまぼくがするべきなのは、直接会ってきちんと対話をすることなのだろう。生きてゆく中で、常に上向きでいられることなどごく稀だ。いいことも悪いことも、たくさん押し寄せてくる。何度もなんども、ぼくがこのエッセイで書いたことだ。だから今回もまた、文章に記録をして安心するのではなく、幸せな記憶を生み出すために、一歩を踏み出せばいい。もし苦しくなったら、この本を読み返して、また仕切り直せばよいのだ。

そしてぼくは筆をおき、冷蔵庫からビールを取り出す。

プルタブを開け、湿気の強いベランダに出る。

世界はまだ夜の気配に満ちていて、しとやかな獣のような寝息を立てている。

今日は気持ちよく酔えそうだ。いや、もう酔っているのかもしれない。様々な人たちや、様々なものたちや、静かに息をする植物たちや、遠くに見える星たちや、地下深くにある鉱物たちや、風に溶けている無数の元素たちや、そういったすべてのものたちのことを、ぼんやりと考えた。

夏のかおりを吸い込んだら、秋を羽織ろう。冬になったら熱燗を飲もう。そういう円環の中にたぶんぼくはいて、これからもそれが続いていくのだろう。

そんな、健康で文化的な、最低限度の生活がね。

[著 者]

斉藤壮馬（さいとう・そうま）

声優。4月22日生まれ、山梨県出身。2008年、高校在学中に「第2回81オーディション」優秀賞を受賞し、大学卒業後、本格的に声優としての活動を開始する。出演作品は「ピアノの森」（一ノ瀬海）、「Infini-T Force」（キャシャーン／東鉄也）、「残響のテロル」（ツエルブ／久見冬二）、「アカメが斬る!」（タツミ）、「ハルチカ～ハルタとチカは青春する～」（上条春太）ほか多数。2015年「第九回声優アワード」新人男優賞受賞。2017年「フィッシュストーリー」で歌手としても活動を開始。2018年には自ら作詞・作曲した楽曲のみを収録した3rdシングル「デート」をリリースするなど、アーティストとしても活動の幅を広げている。

[初 出]

第1夜

斉藤壮馬の健康で文化的な最低限度の生活
KADOKAWA「ボイスニュータイプ」掲載

痛みに弱い人間なのです（No.057／2015年9月25日）
失われた時《ねむり》を求めて（No.058／2015年12月24日）
レインブーツを履いた日（No.060／2016年6月27日）
S is for Subculture（No.061／2016年9月26日）
名前をつけてやる（No.062／2016年12月26日）
雨、校舎、永遠について（No.068／2018年6月25日）
夏の予感（No.064／2017年6月26日）
動物たち（No.063／2017年3月25日）
我が愛しのバードランド（No.064／2017年6月26日）
ヒラエス、ヒラエス（No.065／2017年9月25日）
ささやかだけれど、大切な寿司（No.067／2018年3月26日）
in the meantime（No.066／2017年12月25日）

第2夜

斉藤壮馬のつれづれなるままに
WEB「KIKI by VOICE Newtype」掲載

ツウなかんじ（2017年1月10日）
最高の時計（2017年3月17日）
ホピ・シンクロニシティ（2017年2月1日）
ポカリ（2017年4月22日）
左耳の意味（2017年12月16日）
さんま（2017年9月30日）
マウントフジ（2018年1月5日）
釣りのはなし（2018年4月1日）
ミルクボーイ、ミルクガール（2018年8月10日）
植物を愛でるということ（2018年4月27日）

＊単行本化に際し、初出時より加筆修正のうえ収録

第3夜

夜明けの口笛吹き
本書のための書き下ろし

カンバセイション・ピース
結晶世界
健康で文化的な最低限度の生活

STAFF

［イラスト］
いしいひろゆき

［撮影］
馬込将充

［衣装］
本田雄己

［ヘアメイク］
紀本静香（e-mu）

［デザイン］
桑山慧人

［マネージメント］
山内春香（81プロデュース）
平澤宏和（81プロデュース）

［撮影協力］
山梨文化会館
岡島百貨店
山梨県立美術館
塩山シネマ

［取材協力］
ロフテー枕工房

［衣装協力］
glamb Tokyo
Iroquois
NOT CONVENTIONAL
amp japan
SETTO
PUBLISH BRAND
TEXTURE WE MADE
BICASH

［連載担当］
永原洋子

［編集］
柴田夏実

石脇剛
角清人
松坂豊明

健康《けんこう》で文化的《ぶんかてき》な最低限度《さいていげんど》の生活《せいかつ》

2018年10月31日　初版発行

著者　斉藤《さいとう》壮馬《そうま》

発行者／青柳昌行

発行／株式会社KADOKAWA
〒102-8177　東京都千代田区富士見2-13-3
電話　0570-002-301（ナビダイヤル）

編集企画　コミック&キャラクター局　ボイスニュータイプ編集部

印刷・製本／大日本印刷株式会社

ISBN 978-4-04-107349-0　C0076